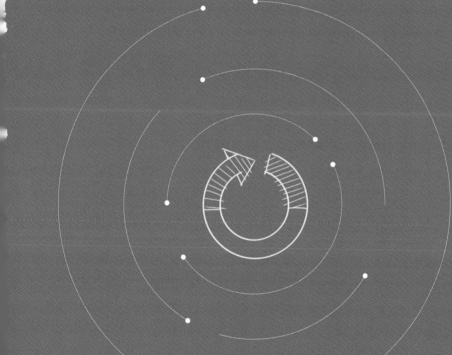

体验驱动变革

A New Era Powered by User Experience

汽车产品战略中的用户体验管理

张晓亮

[挪威] 雷霆生(Truls Thorstensen) / 著

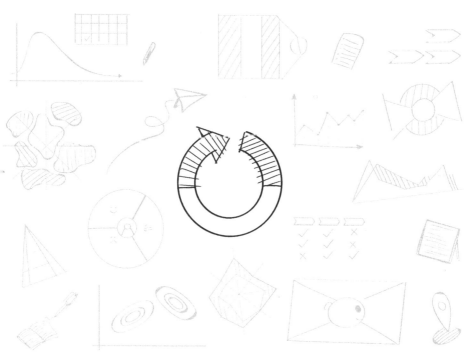

中国建筑工业出版社
CHINA ARCHITECTURE & BUILDING PRESS

图书在版编目（CIP）数据

体验驱动变革：汽车产品战略中的用户体验管理 / 张晓亮，
（挪威）雷霆生（Truls Thorstensen）著 . —北京：中国建筑
工业出版社，2020.7（2023.1重印）
　ISBN 978-7-112-25257-2

　Ⅰ.①体…　Ⅱ.①张…　②雷…　Ⅲ.①汽车–商业服务–研究
Ⅳ.①F766

中国版本图书馆CIP数据核字（2020）第112153号

　　近年来，互联网行业，尤其是移动互联网行业让用户体验设计与管理成为如今的
焦点话题。本书首次从汽车行业入手，对"用户体验"的概念和价值系统进一步拓
展和丰富，提出了切实可行的理论模型、实践方法和案例说明，可作为设计、用户体
验、用户研究行业从业者的研究参考；同时，作者深耕汽车行业多年，对于汽车行业
本质规律的全面总结和面对变革的应对措施提出了深刻且可行的实施方案。
　　本书可作为汽车行业从事战略管理、规划、研发人员的参考读物。

责任编辑：吴　绫　唐　旭　贺　伟
文字编辑：李东禧
责任校对：王　烨

体验驱动变革　汽车产品战略中的用户体验管理
张晓亮
[挪威] 雷霆生（Truls Thorstensen）　　著
*
中国建筑工业出版社出版、发行（北京海淀三里河路9号）
各地新华书店、建筑书店经销
北京雅盈中佳图文设计公司制版
北京中科印刷有限公司印刷
*
开本：880×1230毫米　1/32　印张：6¾　字数：138千字
2020年7月第一版　　2023年1月第四次印刷
定价：**68.00**元
ISBN 978-7-112-25257-2
　　（36038）

推荐序
Foreword

这是新汽车人必备工具

　　我和雷霆生（Truls Thorstensen）先生一起创办的轩辕奖至今已经走过七个年头。从第一届轩辕奖的传祺 GS5，到去年第七届的蔚来 ES6，在过去七年中我们一起亲眼目睹，并且亲身体会到汽车行业发生过的巨大变化。一路走来，还是相当感慨的，应当说这个过程就是中国车企从"能造车"到"会造车"，再到引领这轮行业变革的过程。上述这些变化也完全符合我在 2015 年中国汽车蓝皮书论坛上提出的当今汽车发展的四大趋势，也就是业界已经耳熟能详的"汽车四化"。

　　站在今天看汽车行业的过去和未来，一方面，我对"四化"的判断更加坚定了，沿着这几个方向的行业变革仍在不断深化，而且还是加速深化。另一方面，我也深刻意识到，伴随行业变革出现的产品内涵和外延的变化又要求我们必须提出一种用户视角的价值评价 / 评估标准，只有这样才能真正将技术或者商业模式领域的创新与用户价值创造活动统一起来。

为此在最近几年的轩辕奖中，我们也尝试着引入更多场景化的，融合大数据的或者用户视角的产品评价方法。在张晓亮先生成为轩辕奖评委之后，这些方法也逐渐被系统化地应用到我们在襄阳的国家汽车质量监督检验中心产品评审环节当中。

实践几轮下来，透过这样的视角，我们更加容易理解在这轮变革过程中，究竟如何判断每个产品的优劣，也更加容易理解应该为用户提供什么样的产品创新方案了。因此，我们相信，为了穿越这轮漫长而深刻的变革周期，车企绝对需要建立一套行之有效的方法论。这个方法论应该紧密围绕用户体验，因为所有创新活动只有带来用户体验的提升才算有意义的，否则就是损毁价值，不会有什么真正的竞争力。

而在过去 20 年中，从创建汽车商业评论杂志之前到如今又创建以成就新汽车人为使命的轩辕大学，我也亲眼目睹了很多明星车型或者品牌的起起落落，经历了中国乘用车市场几乎从无到有，从爆发到成为全球第一的整个过程。这个过程中，我也一直在思考同样一个问题：推动汽车行业持续进步的根本原因是什么？是产品、技术、人才、营销，还是现在耳熟能详的服务？或是更加系统的东西？

今天看来，只是在某一两个方面偶尔领先的车企是无法形成长治久安的，综合的用户体验才是问题的关键。当然，正是由于汽车消费模式本身的特殊性，产品才会成为整个体验过程的核心。也就是说，从产品问题出发，向前涵盖产品的定义和诞生过程，向后延伸到产品的营销与用户生命周期的管理过程，车企需要构建一套连贯的、系统的用户体验管理工具。尤其是面向当前这个功能数量爆发式增长，技术路径依然没有终极答案的变革时代，符合预期的用户体验是车企最应坚守的主线。

知易行难，在如今这个错综复杂的局面当中，要真正管理好用户体验仍有大量问题需要解决。比如如何确保车企内部的各个部门、各个环节能够充分理解体验目标？如何围绕体验目标设置产品的功能清单，又如何定义每项功能的性能和体验？如何营销这些复杂的功能组合，让用户理解每个功能设定的价值，并帮助用户养成使用习惯？所有这些都需要我们针对汽车行业，而且也只能完全针对汽车行业（因为这个行业太特殊，消费行为太复杂）量身打造一套专用的用户体验管理工具。

很高兴看到晓亮和老雷能够把这些方法论系统地梳理出来，变成一组更加完整的工具。我相信，这些方法会给广大依然处于变革迷雾当中的车企带来很多有价值的启发。接下来我们也会借助作为中国汽车产业新学习平台的轩辕大学，让更多人能够了解到这些方法。

是为序！

贾　可

2020 年 6 月 11 日

自序
Author's Preface

在巨变中找到问题的本质

过去 20 年来，中国汽车市场的崛起带给全球车企最大的增长机会，抓住这一机会的车企均获得了丰厚的回报。比如大众集团，20 年前其与标致 PSA 是同一量级的车企，如今他们在欧洲市场依旧旗鼓相当，但大众集团已经是千万俱乐部的一员，而标致 PSA 依旧徘徊在 400 万辆左右。尽管规模并不代表车企竞争力的全部，但至少是一个极其重要的维度。在这方面中国市场的重要性已经不言而喻。

事实上，中国市场带给全球汽车工业的贡献已经远远不止于增量贡献这么简单。过去几年来，我们逐渐意识到这里正在形成汽车消费文化的另外一极，而且是非常独特又非常有趣的一极。我们都知道中国的财富积累是在最近 30 年完成，并且依然在继续。汽车市场的启动比财富积累要晚十几年左右，因此这里依然还是一个算不上成熟的市场。但巨大的，占据全球大约 30% 的规模又让这种"非成熟状态"具有极强的话语权。这导致全球大多数车企都愿意为这一市场做出改变，于是很多新的尝试纷纷在这里展开。同时加入这轮尝试的也包括来自中国本土的最近20年陆续发展起来的自主品牌，以及最近几年出现的这一波所谓造车新势力。

于是我们看到中国汽车市场呈现出了与全球其他主要市场（比如欧洲、北美、日韩）完全不同的另一番景象。在其他市场把注意力更多聚焦在规范化、降成本、寻求基于稳健增长的守势的同时，中国市场正在不断突破大家的认知。尽管很多人都认为掀起这一轮行业变革最具代表性的车企是特斯拉，但中国市场对创新之路探索的规模却更加巨大。

我本人在过去27年以来一直从事汽车行业的管理咨询工作，同时也以行业观察家的身份自居。我是汽车行业平台化战略最早的推动者之一，20年前我也是最早将特征管理（Characteristics Management）导入汽车行业的推动者。因此过去20多年来，我一直带领EFS的咨询团队，为全球主要车企提供与平台化、特征管理、品牌屋相关的大量咨询服务。我深知一个清晰的品牌定位，一个完整的战略框架以及一套有效的管理流程和工具对于车企的重要性。但与此同时，我也被来自中国市场的很多探索深深吸引。一方面，我希望看到汽车行业能够取得新的突破，另一方面，我也希望看到更多令人兴奋的新品牌能够崛起。为了能够更准确、深刻地理解这里每天发生的变化，同时也是为中国汽车行业的发展尽一点绵薄之力，我与贾可先生决定携手创办一个面向中国汽车产业的，既公正又有深度的评奖活动，也就是2013年正式推出的轩辕奖（中国汽车产业年度贡献奖）。

如今这一奖项已经成功举办七届，借助轩辕奖，我每年都能够与大量汽车行业的顶级专家、设计师，以及来自车企的高管们一同见证这里取得的进步。回想起来，这真是一件令人超级兴奋的创举。

通过过去七届轩辕奖的观察，同时也结合我在全球其他地方的切身体会，我对行业变革的方向、节奏和路径也有了更多的认识和思考。一方面，无论行业如何演变，用户体验一定是我们需要抓住的核心问题。只不过以前我们对用户体验的衡量手段不足，导致在汽车产品定义和设计中对用户体验的管理和贯彻不足。另一方面，对于成熟车企而言，要适应行业变革，决不能直接舍弃已经成熟的战略框架，显然这是极其危险的自杀行为。因此，我们就需要寻找在成熟架构上嫁接行业变革新思维的最佳平衡。

很有趣的是，我们在中国寻找到了一支与EFS有相同想法的团队，为此我们也与So.Car一同成立了一家合资公司。在探索上面那条平衡路线的过程中，So.Car过去12年在中国市场的很多产品战略咨询实践和思考都显得极具价值。

思考和寻找这条路径，更重要的是我们需要把自己的思考及时整理出来，并分享给整个汽车行业。于是我和张晓亮先生决定一同完成这本《体验驱动变革　汽车产品战略中的用户体验管理》，这是过去多年来我们诸多观察最为直接的一份答卷。我们也希望这本书能够为汽车行业做出些许贡献，同时欢迎广大车企以及汽车行业的从业者能够与我们一道探索这条变革之路。

雷霆生（Truls Thorstensen）

2020 年 4 月 10 日

前言
Preface

　　自第一辆汽车诞生至今已经有 130 余年的历史了。在过去的这 130 多年当中，汽车的产品形态虽然经历过很多变化，但汽车作为把人安全、舒适、便捷地从 A 点运送至 B 点的工具这一基本属性却始终没有太大改变。正是由于这种基本属性的稳定，才使得过去的汽车产品定义和研发能够始终围绕一组特定的指标体系进行有序迭代，几乎每一代产品都在这些维度上比上一代稍有进步。在这种模式下，整个汽车行业对于描述汽车的主要指标也逐渐形成一些基本共识。比如舒适性、驾驶性、设计、安全性、用车成本等，这些指标早已是大家耳熟能详的了。最终这组指标在 21 世纪初期前后逐渐被各大车企系统化，形成了今天的特征管理体系（尽管不同车企内部的叫法略有差异，例如产品特征目录、商品化属性、PALS 等，但内容和使用逻辑高度相似）。各大车企也正是基于这套特征管理体系定义自己的品牌战略、产品战略，并指导单个车型的产品定义和开发工作。

　　也正是在上述模式之下，汽车行业的研发行为才逐步形成了今天的分工组织模式：每个工程师，每个专业领域都有各自明确的分工和边界。他们判断问题的基础就是自己对分工范围内那些指标的理解。也正因如此，汽车后续的产品迭代才能实现高效、低成本、低风险的不断进步的局面。可以说汽车研发领域的分工组织模式相当于另一条流水线，这对汽车行业的意义甚至不亚于当年亨利·福特发明的流水线。他让汽车的研发行为与生产行为一样，告别了汽车诞生初期的"作坊时代"。

　　在汽车产品沿着上述价值体系不断向前演化的同时，用户对汽车的要求几乎也是沿着同样的轨迹在不断变化着。当然这主要也是由于用户的认知标准也是被同一种价值体系"教育"出来的。比如第一次开车的人对驾驶性的认知肯定是不够充分的，但随着驾龄的增长这块认知会越来越清晰，他对驾驶性的要求也就越来越明确。但与此同时他的具体要求又是与他开过哪些车是密切相关的，一个每天开微型车的人和开跑车的人，对驾驶性的要求肯定是存在天壤之别的。所以在这种认知模式下，用户对产品各项属性的要求一方面受自己的认知能力影响，另一方面受他们能够体验到的产品影响。因此在过去几十年中，用户的产品要求实际上是被现有产品不断教育出来的。由于大多数指标都在不断进步，用户的预期也在不断上升，这是一套惯性体系。这可能就会出现很多指标已经超出用户实际要求的情况，只是由于用户早已被这套惯性体系"教育成熟"了，以至于他们自己也意识不到实际上他们并不需要这么高的性能水准。但同样在这套惯性系统中，车企为了能够不断刺激用户的购买欲望（只有如此才能确保自己的销量规模或市场份额不断增长），他们又必须不断强化这套惯性系统，持续让新产品比上一代产品有更好的表现。

上述局面一直持续到大概五六年以前，随着汽车行业以"四化"为核心的这一轮深度变革的来临，原有的那套指标体系已经明显不能完整描述汽车的内涵和外延了，上述惯性系统才迎来了真正的挑战。因为人们的用车方式、用车场景都发生了很大变化，对汽车的要求也随之变得更加复杂了。这意味着与原有指标体系相匹配的产品价值评估模式至少在局部失效了。举一个例子，在特斯拉诞生后，来自传统成熟车企的大多数工程师们都认为特斯拉的产品在很多方面都是不及格的。比如它的舒适性（尤其是NVH）和工艺品质这两个方面是被工程师们诟病最为集中的。但我们同时也看到很多从奔驰、宝马、奥迪这些传统豪华品牌转化而来的特斯拉车主们却把Model S、Model X这些早期特斯拉产品视为几十年来最具突破性的产品，他们完全接受了特斯拉那些明显不及格的指标，甚至很多人一旦开上特斯拉就不愿意再开别的车了。要知道，原本对舒适性、工艺品质要求最为苛刻的也是这些来自豪华车市场的高端用户。显然，用户与工程师在特斯拉的问题上形成了非常严重的价值判断分歧。

在特斯拉之后，中国市场也掀起了一轮轰轰烈烈的新造车运动。尽管如今大多数新造车公司已经退出舞台，但他们向市场和用户灌输的很多概念却对市场产生了更加深远的影响。这些也让"什么是好车？"这个根本问题变得更加复杂了。这要求我们必须找到一条新的，能够适应行业变革，帮助车企穿越变革周期的产品评价和产品定义工具。

上面这些变化与So.Car在过去12年的经历也是完全一致的。从2008年开始，我们一直在为整车企业提供产品策划、产品定义和产品战略咨询服务。我们也切身体会到了产品战略管理方法论持续迭代的必要性。为此，So.Car也将自身的使命定义为不断发现和总结产品战略管理的规律，持续推动这些方法论的不断优化。2017年，在经过与老雷和EFS欧洲团队的多次接触之后，我们意识到双方在对汽车行业的洞察和理解方面拥有极多的相似性，同时也因双方服务市场的差异存在更多互补性。于是我们组建了一家合资公司，共同研究应对变革市场的产品战略与用户体验管理问题，So.Car和我本人也加入到轩辕奖的阵营当中。

针对前面提到的这一轮行业变革，我们主张一切价值评价标准必须充分聚焦用户体验，围绕用户的使用场景和使用过程，审视每个产品的功能、性能和体验要求问题。

当然聚焦用户体验并不等于什么问题都来自于直接针对用户的调研，然后再做简单的频次统计。为了在复杂的汽车产品中充分管理和设计良好的用户体验，必须应用一套更为巧妙的方法，由一群受过严格训练的产品经理将用户洞察转化成为产品方案。2020年突如其来的新冠疫情不仅让汽车行业的这轮变革变得更加复杂，居家隔离措施也给了我们坐下来整理历史经验以及进一步思考创新方法论的时间。于是我和老雷决定动手完成本书，同时由于这本书首先以中文出版，我们还是决定更多聚焦于中国市场与中国车企的实际需求。之后我们还将通过更多文章进一步阐述全球市场的相关内容。

希望我们这些思考、实践和工具能够为广大汽车行业的从业者们带来更多启发。当然，我们也确信这些总结仅仅是一个开始，接下来这一领域的方法论还有非常大的优化空间。我们也希望大家能够积极参与到这一工作中来，为中国汽车工业真正由"能造车"到"会造车"这一转变做出积极贡献。

张晓亮

2020 年 4 月 15 日于北京

目录
Contents

第二章

汽车产品的用户体验形成 / 23

第三章

围绕体验，建立新的竞争力评价基准 / 45

第四章

基于用户体验评价，迭代产品定义方法论 / 83

第五章

用户体验的管理和设计 / 131

第一章

/

行业变革导致用户体验管理问题凸显

章节导语:

　　多年以来汽车始终是最为复杂的消费品，绝大多数汽车制造商都是规模超过万人的大型公司。如何在确保管理效率的同时，又可有效保持对市场和用户需求的感知与响应能力就成为各大车企必须解决的问题。于是我们看到过去一百年来，车企几乎所有的战略管理工具都在围绕这一主题展开。久而久之，这些管理工具逐步形成了一个强大的惯性系统，将多数车企限制在了一个相对封闭的价值空间内。

　　近年来，随着以特斯拉为代表的新造车公司的陆续出现，新的价值系统开始形成，新老价值系统之间的冲突造成了变革市场中最为严重的产品认知冲突。这意味着我们需要构建一套新的、能够有效管理变革周期的价值衡量标准了。

汽车行业的本质

　　亨利·福特1913年发明了流水线，自此汽车行业正式进入大工业生产时代。清晰的分工，复杂的协作，以及同一企业内部高度的标准化是这个行业非常鲜明的特征，也是各大车企建立竞争优势的重要基础之一。基于这个基础，汽车产品才会成批量，稳定，并且低成本地被制造出来，汽车才能改变这个时代。当然这个基础在很大程度上也决定了过去一百多年里汽车行业的本质：大规模的分工协作。

　　上文中本质有两层含义，首先汽车行业一定是产品为王的，上述大规模分工合作都要围绕产品诞生和营销过程展开。因为无论汽车在营销过程中如何忽悠，一旦用户把车买走，几乎每天都会和这个车朝夕相对，而且这个过程通常会持续三至五年。所以产品的每一处细节几乎都会被用户体验到，而产品细节对应的功能价值最终会影响用户的体验价值。用户又会基于体验价值形成情感判断，这些情感判断又会通过口碑等途径形成下一轮的品牌认知……最终，从产品的物理属性到品牌的感性价值之间会形成一道清晰的品牌梯，但产品的物理属性是这一切的基础。从这一点上看，汽车行业必须是产品战略为王的，而产品战略是由产品定义和技术进步共同驱动的。这也是 So.Car & EFS 这个团队长期聚焦产品战略和产品定义咨询的判断基础。下图中我们展示了品牌战略与产品战略之间的对应关系。

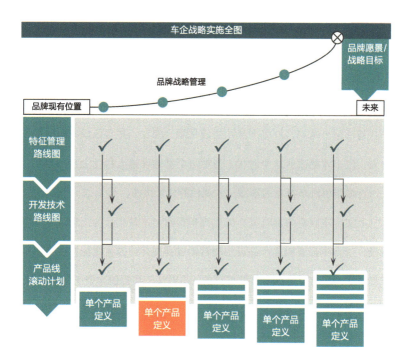

图示：车企战略实施全图

上述本质的第二层含义就是要求车企一定要做可积累的持续改进。因为每一家车企的产品都是多个代际持续投放的，每一代产品都是基于上一代产品成败经验总结的基础之上投放的。因此上一代产品永远是下一代产品开发的基础和前提，新产品的定义也应当基于对上一代产品成败经验的充分总结。而且，由于很多技术难题并非一两代产品能够彻底突破，所以很多课题更加需要 OEM 或者上下游参与者的持续努力。这个时候产品和技术的持续跟踪和可积累的改进就变得尤为重要。

针对第二层含义，我们看到中国本土 OEM 两个方面的独特之处。首先，目前为止按照既有产品组合有序开展换代的品牌几乎没有成功案例。反而那些不断试图捕捉市场热点趋势的机会主义者大行其道。这与全球化品牌大相径庭，毕竟我们看到丰田的卡罗拉已经迭代了 12 次，大众的高尔夫也迭代了 7 次之多。他们是按照规范的生命周期管理和既有产品组合有序换代进行产品战略管理的。这很可能是由于中国市场之前十几年的历程还不够稳定，相信以后这种现象不会持续很久。

其次，多数初创品牌（实际上是初创企业，这里不包括领克、WEY 这些原有成熟企业的初创品牌）的前两个产品通常都会遇到非常多的质量问题。这些品牌开发到第三款产品才会走入相对成熟阶段，现在我们看造车新势力，很有可能也会重复这些传统 OEM 的老路，最多只是少交一些学费。这个现象导致每隔三五年自主品牌的领头羊都会易主，例如当年的奇瑞今天已经陷入了重新寻找战略方向的困局。同样，这也是市场从无到有、从发展到成熟必须经历的阶段，只是我们有幸看到了这些阶段的完整过程而已。

在理解了上面两层含义之后我们再看大规模分工协作这个问题：由于车企涉及战略规划、策划、定义、研发、生产、采购、营销、售后、品牌管理等多个部门，同时每个品牌又同时拥有（意味着几乎同时定义、开发和销售）多个车型。这是一个多条主线并行的，涵盖上万参与者的复杂组织。为了能够让这一组织顺畅运转，就必须构建一个 OEM 内部，乃至 OEM 与上下游相关合作伙伴协同的沟通平台。大家必须构建一个共同的工作语言，才能确保目标的有效达成，以及不同协作者对目标的一致理解。此后才是围绕这一目标的有效分解和执行。

例如定义一个产品的开发目标，通常是企划部门牵头推进的工作，但这个开发目标又必须在规划部门的既定框架内，并且充分贯彻车企的品牌战略。在这个过程中，品牌管理、产品战略管理以及企划部门的市场洞察首先需要寻找交集，为了准确定义卖点，前瞻技术研发的部门以及对现有平台技术能力评估的部门也必须全面参与。而在开发过程和产品生命周期管理过程中，OEM 的企划、开发以及对标分析团队又必须不断围绕每一条开发目标做类似 PDCA 的圆环检查和改进优化。所有这些都需要大范围的团队协作，而这正是一个车企规范运行的关键本质。

在构建上述交流平台，形成统一的工作语言方面，目前最成熟的工具就是特征管理体系（落实到产品层面即产品特征目录）。简而言之，它是一组指标体系，尽管不同车企有不同的名称和层级划分的方式，但本质上都是大同小异的。在 So.Car & EFS 服务过的项目当中，我们更支持三层指标结构：

第一层级，也就是战略语言，由 12~16 个一级指标构成。包含设计、驾驶性、安全性、舒适性等可以从结构角度描述产品的指标。之所以把这一层级称为战略语言，是因为这些指标都是最具概括性的，可以对应品牌价值定位的指标。尽管这些指标数量不多，但每一条都不可或缺，否则描述产品的完备性就会受到影响。通常这一层级的指标更加适用于车企战略问题的研讨，从一级指标出发可以大致对应出车企研发组织的分工结构，也可以管理同一品牌不同产品之间，或者同一集团不同品牌之间的定位差异或区隔策略。

第二层级，也就是用户语言，由 100~150 项可以描述产品功能或者性能特征的指标构成。之所以我们称之为用户语言，是由于这些指标是绝大多数有过丰富用车经验的用户可以理解的语言。因此应用这些指标，Marketing 部门很容易梳理产品传播策略。也正因如此，过去在产品策划阶段，我们也是把开发目标定义到这一层级为主，只有更加重要的内容才会进一步向三级指标展开。

第三层级，也就是技术角度的产品感知，这是从用户需求向技术解决方案链接的最重要的一环。这一层级通常包含 600~800 余个指标，但

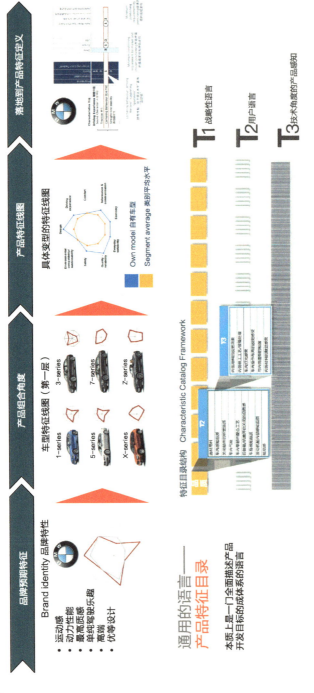

图示：特征目录语言体系

它不同于 VTS，更多的还是对用户语言进一步的拆解。

这一语言体系如上图所示，在 So.Car & EFS 的咨询服务实践中，车企构建这一语言体系需要获得所有部门，甚至包括上下游供应商和服务商的认同和理解。只有做到这一点，特征目录才能真正发挥作用。但这件事知易行难，真正能够有效应用特征目录的国内车企到目前为止仍然屈指可数。这也是导致很多产品开发目标离开策划部门就会变样的原因之一。当然形成这一规范也是车企跨越从"能造车"到"会造车"这一转变最为重要的一步。

有序迭代的惯性系统

从特征管理体系出发，车企才可以更加准确地在大型团队内部进行分工与协同管理，产品开发目标才能被不同的部门正确理解。与此同时，汽车产品的内涵在过去一百多年的时间里始终没有发生过太多变化，基本上都是用来解决把人高效、安全、舒适地从 A 点运送至 B 点的工具。尽管车的尺寸有大有小，价格有高有低，但这种差异更多仅仅是同一种内涵不同规格的表达差异而已。也正是由于汽车的内涵在过去上百年的时间里非常稳定，用来描述汽车的指标（这里指的是一级指标）也就不会发生太多变化，渐渐地车企的分工与指标之间的对应关系也就越来越明确。同样，基于这种指标架构形成的分工也就越来越稳定，越来越容易形成知识积累。这也给车企形成产品和技术角度的可积累的改进带来了更多便利。当然，有了这样一个系统，研发组织也自然会按照自己负责的那一领域不断提出更高的挑战。这是从车企内部管理角度我们看到的第一个惯性系统模式。

站在市场角度，由于欧美等发达国家市场早在 20 世纪六七十年代就已逐步进入成熟市场阶段。而成熟市场当中，新车购买者大部分来自增换购用户，他们普遍拥有丰富的用车经验，对汽车各项关键指标的理解也更加充分。在这类成熟市场当中,车企如何确保销量能够持续增长?最大的来源其实就是刺激用户提前换车，也就是车企需要通过提供更大的产品利益，刺激用户的换车欲望。如果汽车产品的内涵没有太大变化，为了达成上述目标，车企就只能让新产品在这些固定的指标体系上比现有产品更具竞争力。同时，用户也是按照同样的指标架构审视和选择车辆。这样，上述那个惯性系统就拓展到了市场端，而且这两组惯性系统是能够形成闭环的。

于是我们看到，在这样一个惯性系统中，车企的经典车型普遍经历了多轮迭代，比如大众的高尔夫，如今已经演化到了第八代。丰田的另一款经典车型卡罗拉，甚至已经进化到了第十二代。在这样一轮轮进化当中，不仅仅是各项主要指标得到了很大提升，而且产品的各种设计缺陷也被充分暴露并得到解决。

图示：历代大众高尔夫

可以说，在汽车产品的内涵没有发生太大变化的所谓行业稳定阶段，上述惯性系统无论对于成熟车企还是对于普通用户，大家的利益都可以得到更好的满足。本质上这也是相当于在以用户为中心，注重用户体验的做法。

行业变革的冲击

前文提到的惯性系统在汽车行业延续了至少大半个世纪的时间，直至最近十年，尤其是移动互联网时代的到来，汽车行业也迎来了一个巨大的、甚至有可能颠覆整个行业结构的变革周期。贾可博士最早在2015年的蓝皮书论坛上提出这轮行业变革将沿着四个主要方向展开，即电动化、智能化、网联化以及共享化（当时的提法为电动化、智能化、电商化和共享化）。这四个方向也就是今天行业内大家耳熟能详的"新四化"。当然四化的内容不同车企内部也有细微差别，也有车企将之概括为"五化"，但整体上都大同小异。

今天我们不去探讨四化的具体内容应该如何定义，只是向大家展示一下这些变化对汽车固有内涵与外延构成的影响，具体如下图所示。

第一方面是新能源革命，也就是电动化，它改变的不仅仅是汽车的能源结构和能源补给方式，也在彻底改变传统汽车的内部结构和性能特征。比如传统燃油车最大的技术壁垒在于动力总成，而到了电动车时代，

能源变革让车企核心竞争力转移

新能源：纯电动、混合动力、燃料电池、氢能源、甲醇汽车、燃气车等

- 传统动力总成的优势消失
- 车辆设计规则被改变

改变驾驶模式、更安全、更便捷

智能驾驶（辅助驾驶系统、自动驾驶、无人驾驶）

- 无人驾驶将彻底改变出行业商业模式
- 人车关系会发生改变，用车场景也会发生改变

汽车网联将满足人们交互需求

信息娱乐：人机交互、语音娱乐、互联互通与智能娱乐；
网络互联：V2X、驹连车车、车路、车人、车联之间的互联

- 让车辆功能更加丰富，解决用户更多痛点
- 大幅拓展定义产品和品牌价值的空间

共享模式改变个人出行方式

乘用共享：专车、拼车、租车、巴士等；
驾驶共享：共享汽车、分时租货等

- 互联化络对共享化构建更有效的基础出口和平台
- 提升资产管理效率

■ 图示："四化"变革对汽车行业的影响

汽车的动力来自于电池、电动机和电控系统。两套系统几乎没有继承关系，这意味着优势的迁移。而且电动机的性能特征与内燃机也有很大差异，比如电动机的扭矩输出可以是恒定的，这会让电动车起步加速性能轻松达到跑车级别。再如电池的布局可以更灵活，让车辆配重更有机会达到平衡状态等。这意味着汽车的很多其他特性也被改变了。

第二方面是无人驾驶化，尽管如今这一变革依然远未走到终点，但很多高频、高价值的场景已经发展成熟，比如自动跟车、车道保持、自主泊车等。大量无人驾驶技术的应用首先改变的是车辆的主动安全性能，让交通事故发生的概率大幅下降。如果这一趋势进一步发展成熟的话，车辆的被动安全性能就不需要像现在这么高，车辆的结构设计就会变得简单很多，硬点也会减少很多。无人驾驶改变的第二件事就是对驾驶员注意力的释放，让驾驶员至少有稍微走神的可能性，这会改变很多 HMI 的设计方式，也会打开更多的用车场景。当然，无人驾驶的终极目标还是彻底取代驾驶员，让汽车变成一部部载人机器人，如此一来我们的出行方式就会被彻底地改变了。

对于第三方面，也就是共享化变革。应当说，这是现如今遭遇挑战最大的一项变革。起初很多人认为分时租赁是一个极具前景的商业模式，但现如今这一领域几乎所有的创业计划都已经或即将走不下去了。而被塑造为共享化范本的 Uber 和滴滴，更多还是"互联网＋出租车"模式。尽管他们对传统汽车工业也带来了一些影响，但真正影响到的还是出租车行业。至于其他的硬被大家与共享化挂钩的，比如融资租赁、使用权交易等，其实都算不上新东西。现如今人们对共享化真正的期待来自于无人驾驶化这个前提，一旦达到L4~L5，Uber或者滴滴的商业模式将产生飞跃，共享化才真正具有革命性。这也是Uber和滴滴们深度参与无人驾驶研发的主要动力所在。当然这仍有待观察，至少短期我们还无法下定论。

第四方面，也就是智能网联革命。这恐怕是大家最没有分歧的一个变革方向了。事实上这也是各大车企参与门槛最低，短期回报最快的一个方向。比如早在2017年，中国销售的新车当中就有超过100万辆搭载了T-Box。很多厂家的实践似乎预示着能让车辆上网、安装更多更大的屏幕，再增加一些语音交互就算智能车了。早期的消费者也趋向愿意为这些内容买单，这也进一步推动了早期智能车在中国市场的迅速发展。如下图所示，我们可以看到这一方向的主要发展历程。

然而千万不要被上述表象蒙蔽，在传统架构上堆叠起来的这些早期智能车未必能够真正给用户带来价值，而且伴随着后续功能的进一步增加，现有架构的局限性也就更加明显。很多伪智能概念迟早会被打回原形。

综合而言，上述四个方向的行业变革尽管发展的节奏和进度各有不同，但它们都在内涵或者外延方面或多或少地改变了汽车原有的内涵。内涵的改变就会让原有的惯性系统失效。今天我们看到这个系统失效最直接的证据就是来自传统车企的资深工程师与来自高端市场的先导用户，他们对特斯拉的态度大相径庭。很多工程师认为特斯拉的工艺品质、

车内输入设备的装车率变化

▎图示：早期智能车的发展

NVH、舒适性最多只能达到经济型汽车的水平，屏幕交互也是非常危险的尝试。但在 Model S 和 Model X 用户眼中，特斯拉是一次伟大的革命，他们以拥有特斯拉为荣，甚至不愿意再回到其他车辆。要知道这些用户普遍都曾拥有过奔驰、宝马、奥迪等传统豪华品牌的车辆，尽管他们也会对这个车的工艺品质、舒适性抱怨几句，甚至也会抱怨特斯拉的小毛病太多，但大家依旧非常满意地"容忍着"。"专业人员"与用户存在如此之大的分歧，这是汽车行业过去大半个世纪以来从未有过的现象。当然，如今随着 Model 3 的持续热销，"专业人员"恐怕必须改变观念了。

之所以会出现上述分歧，其实并不是大家对特斯拉工艺品质、舒适性的判断有误，在这些方面特斯拉确实表现很差。大家的真正分歧在于用户真正需要的是什么？在汽车原有价值属性被突破以后，描述价值空间的维度增加了，这给新的品牌提出新的价值主张带来更多可能。每一个新品牌都相当于一组新的在各个维度上的性能曲线，特斯拉无非是以一个偏科生的方式，在两个加试科目上取得了远远超越别人的成绩被用户破格录取了，尽管它在传统科目上得分不及格。

为什么我们认为那些"伪智能"的产品没有成为特斯拉的可能？是因为他们依然在传统架构上做简单的加法：把屏幕、语音交互、车联网等配置加载到传统车上。而这种加法更多是从对标或者竞争角度做出的，也就是增加哪些配置，更多是取决于竞争对手有哪些配置，或者用户调研当中直接得到哪些答案，并不是从用户的实际使用场景、用车过程出发，对用户旅程进行的重新设计。

总体而言，上述认知分歧至少给汽车行业带来三个方面的主要挑战：

1. 关于产品定义问题：过于依赖传统的"对标"思维，站在竞争角度做简单的功能累加，导致功能冗余或成本失控。

2. 关于产品开发的分工组织过程：原有的分工系统已经无法响应正在改变的指标体系，工程师对产品的理解与用户存在越来越大的差异。跨团队之间的分包协作导致不同功能之间体验不一致，以致用户体验混乱。

3. 关于产品营销问题：由于大家对于什么是好车这个问题的理解存在分歧，导致产品的营销过程存在很多资源错配，厂家重点传播的未必是用户关注的。

解决这些问题，我们就必须建立一套新的价值体系，而用户体验正是重建这一体系的核心。

聚焦用户体验

前面我们提到随着行业变革的不断深化，汽车的内涵和外延被改变，固有的价值空间被打破。与此同时，中国市场也正进入由原来的增量市场向存量市场，即由首次购车用户为主向增换购用户为主的市场进行转换的过程中。在这种背景下，新产品必须更加能够激发用户的购买欲望才能获得更好的市场表现，或者至少不会出现份额萎缩。激发购买欲望最直接的结果就是产品尺寸越来越大、配置越来越高、动力越来越猛、用料和工艺越来越好……当然这一切都对应着成本的增加。然而令人尴尬的另一个事实是，绝大多数车企在成本增加的同时，产品的价值却没有同步增加，甚至更多时候迫于竞争压力不得不把产品价格越拉越低，最终导致产品的收益目标无法达成。

显然这已经是整个汽车行业最大的痛点之一了。那么究竟哪些原因在导致成本增加，产品对应的价值无法同步增加呢？

首先这是车企整个体系对于价值选择和价值创造工作的认知是否统一的问题。前文我们提到特征目录正是解决这一问题的有效方案，但自主品牌普遍仍处于发展早期，大家对特征目录的理解和应用普遍都存在问题，以至于多数车企这一统一语言仍未建立。没有统一的语言，也就缺乏准确描述和执行价值定位的基础。此外是这个价值定位如何产生或者由谁主导的问题，这一问题在自主车企当中同样十分突出。毕竟我们大多数品牌仅仅诞生不足 20 年，大家还都处在品牌探索阶段。如果没有一个非常明确的方向，各部门难免会各自为战，最终出现价值创造的混乱局面。反过来我们看到前几年的领克，最近两年的红旗，正是由于他们首先解决了价值定位问题，才有后面更加统一的行动。事实上单靠各部门做 PPT 论证，车企是不可能找到合理的价值定位的。这个问题要么是一把手工程，要么就是需要建立一套可以在市场中经过动态迭代逐渐找到合理方向的管理机制。

我们常见的第二个影响价值创造活动的因素来自大家对于价值本身的认知。如何让我的产品更加具有竞争力？从竞争角度考虑，基本就是更加具有性价比了，别人有的我也要有，别人没有的我最好也得有几样，同时我的价格还不能比竞争对手更贵。恐怕这正是多数人对"好产品"或者"性价比"的理解。尤其是销售领域，他们当然更加期待拿到这样一组产品。但实践表明，越是在这个方向上不加克制的车企，最终越是无法形成突破。因为简单的基于竞争导向的加法思维并没有形成真正的价值标准，他们获得的性价比更多是基于 PVA 算法获得的一个数字而已。至于 PVA，我在前面提过很多次，这是我见过的恐怕最为愚蠢的一种产品竞争力评价模型，甚至本质上其否认 OEM 存在的价值。因为 OEM 作为系统集成商，它的作用就是要把一组相对而言不值钱的东西（功能），通过特定的打包变成一组更有价值的组合（功能组合）。在上述过程中基于组合带来的价值提升就是 OEM 创造的价值。但 PVA 仅仅是将一组配置毫无逻辑地简单叠加，这个算法等于默认 OEM 就是供应商的搬运工。

围绕上面那个问题，我们认为更有意义的价值创造活动必须梳理清楚每个产品的体验主线。这里首先需要明确产品的目标用户，以及典型的使用场合，即人群加场景的问题。有了人群加场景，我们便会进一步梳理用户在这些场景下如何使用产品，他们期待产品解决自己的哪些问题，也就是用户任务的问题，与此同时还有这些用户的体验要求。为了解决上述用户任务，同时支撑用户期待的体验要求，每个产品就需要通过一组合理的功能组合以及设计策略进行响应。在这个过程中，每个功能是否必要，是否需要被重点关注，以及这些功能各自应该达到什么样的性能水平，使用何种设计或者组合策略都是可以被清晰讨论和定义的。事实上，在这个过程中，我们是围绕用户体验的达成过程梳理每一项产品特征的意义，从而判断应该在哪些地方投入成本，在哪些地方节约成本，同时也应该在哪些相应的地方与消费者建立沟通（通过清晰地构建和传达预期实现）。这相当于从简单对标思维或者竞争思维向用户体验思维的一个转变。

造成价值损毁的第三个原因，同时也是非常普遍的一个原因则是大家思考方式的另一个误区，即很多人经常挂在嘴边的所谓品牌溢价能力问题。显然，品牌溢价几乎是每一个做市场分析的人都理解的概念，但同时也是被滥用最为严重的概念之一。因为品牌溢价是一个静态概念，是对某一品牌历史和现状的总结，无法体现下一代产品的水平。另外，品牌溢价背后另一个严重错误则是它否认了多维价值的存在，而是简单地将品牌竞争力货币化了。如果按照品牌溢价模型，从低端市场起步的自主品牌是永远没有出头之日的，显然这既不合理也不符合大家的期待。

因此，对于品牌管理者而言，每一个当下存在的品牌溢价都是用来突破，而不是仅仅以此作为定价基准的。如何突破当前的品牌溢价？显然还是回到刚刚提到的用户体验管理这条路径上来。通过选择合理的定位（人群加场景），定义清晰的任务线和体验原则，再通过有效的设计策略和功能组合向用户提供在目标场景下最佳的解决方案。如果基于这样的操作，原有的细分市场划分标准就会被突破，单一维度的价值区间也会被充分打开。当然，打开这个单一价值维度的过程其实就是建立自己价值主张的过程。

到了这里，我们对本书提出了第一个明确的价值主张：汽车产品的复杂度很高，为用户创造价值的途径也很多，因此只有从用户体验这一主线出发，我们才能真正有效评价或者定义汽车产品的价值，以及每个功能或者每个配置是否真的创造价值，创造了多少价值。有了这样一条主线，我们才能开启后续的更加复杂的价值创造工作。

第二章

/

汽车产品的用户体验形成

接触点（Touch Point）与体验过程

用户体验的形成

浅层体验与深层体验

体验范式与关键要素

　　汽车有别于一般的消费品，更加有别于互联网。它是高值、耐用，多数场景高频重复，但又要涵盖诸多复杂低频使用场景的消费品。因此汽车产品用户体验的形成过程拥有很强的独特性，只有充分观察，并深刻理解这些体验的形成过程，才能归纳出真正适用于汽车行业的用户体验管理模型。在这里我们不可本末倒置，但现实中却有大量直接照搬自互联网行业的相关模型充斥在汽车市场上。

　　本章我们将通过分析用户的实际用车过程，梳理形成用户体验的一个标准范式，为后续完整用户体验管理做好准备。

在上一章中，我们更多是从汽车行业需要建立新的评判产品价值的标准这一挑战，提出构建这一价值判断标准必须充分围绕用户体验这一主张。接下来我们将从用户体验过程出发，梳理汽车产品典型的用户体验形式有哪些，以及如何将这种体验过程抽象化，为建立基于用户体验的产品评价标准做好准备。

接触点（Touch Point）与体验过程

无论汽车产品本身，还是汽车的使用场景都是复杂多样的，这给描述汽车产品的用户体验带来很大挑战。我们必须对用户完成体验的整个过程进行充分梳理，进而总结归纳其中的规律。完成上述过程，我们不妨从用户可能接触到汽车产品的途径，即触点（Touch Point）开始。

整体而言，用户接触汽车产品的方式可以划分为间接接触和直接接触两大类。所谓间接接触也就是用户通过媒体的传播或者其他人的转述了解到某些车型的信息，而直接接触顾名思义就是通过亲身体验，获得一手信息。

在间接接触过程中，用户对产品信息的获取需要经过两轮转化：车企或媒体将自己认为有价值的信息经过筛选和组织，使用特定的方式传播出去。用户再根据自己的行为习惯，包括触媒习惯，接收到部分他们可能接收的信息。此后这些信息还要基于每个用户自己的偏好、认知能力、记忆能力以及购车需求等进行转化和存储，变成自己对市场中各个产品的认知。或者说，在过去那种广播式的时代，尽管每个用户接收到的信息是相似的，但这些信息对大家产生的影响却是存在差异的。从以上的文字表述也能看得出，这一过程信息的传达效率通常不会很高。如果厂家传播的内容与用户固有的认知存在差异，传播过程就会大打折扣。比如中国用户的固有认知当中，他们认为日本车的被动安全性并不理想。为了改变这一点，十几年前，丰田的凯美瑞以及本田的雅阁，都曾在全国电视媒体上狂轰滥炸过两年多的关于自己获得 C-NCAP 五星或五星半高分的广告。这轮投放不可谓主题不聚焦，也不可谓投入不足，但这轮广告攻势下来，用户对日系车安全性的整体认知似乎没有任何改变。总体而言，间接体验在本质上是产品传播过程。只是为了让这一过程更有效率，车企需要思考的问题不能仅仅局限于媒体规律层面，必须对整个用户体验过程进行完整的设计和管理。

在直接接触过程中，用户可以直接看到、触摸和使用汽车产品，用户对产品的体验过程是通过对车辆的设计、功能和性能的实际感知建立的。只不过不同的接触方式，不同的使用场景，通过车辆解决不同的问题，用户体验到的功能组合是不同的，对车辆的设计、性能要求也是不同的。因此要梳理直接接触的体验过程，就需要从形成这些实际接触的场景出发，梳理每个场景用户体验车辆的主线，即用户试图在这个场景中让车辆解决的主要问题（用户任务）。再基于这些用户任务，梳理用户完成这些任务可能使用到的功能或者功能组合，以及整个用户体验旅程的步骤、周期等。综合而言，直接接触的体验过程一定是场景化的，面向用户任务的。

总的来说，无论是间接还是直接接触的体验过程，若要给用户建立良好的体验过程，就必须梳理用户与产品的具体接触方式和接触过程。即通过梳理 Touch Point，将接触场景具象化，然后再沿着每个场景梳理用户获取产品相关信息或者使用产品的具体过程。在下表当中我们大致梳理了汽车行业最典型的一些 Touch Point，可供各位读者参考。

汽车行业典型 Touch Point 整理

类型	Touch Point	影响用户方式
店内展示	4S 店展厅	产品全面展示、介绍与服务过程影响、店内氛围 / 环境影响
	卖场	产品全面展示、介绍与服务过程影响、与其他品牌直接对比的影响
	Shopping Mall 展厅	产品全面展示、介绍与服务过程影响、店内氛围 / 环境影响
	机场、火车站等展示平台	产品造型、内饰的近距离展示，如果可以进入车内并通电，可以进一步展示功能
	A 类车展	整体性的、有侧重的展示，但竞争性强，投入高
	B 类车展	重点产品展示、品牌 & 服务理念展示、促销活动展示等
	C/D 类车展	对事前集客的集中转化，集中的促销活动
	技术展（CES、互联网大会等）	前瞻技术、设计理念展示，展示品牌理念，强化用户信心，传递未来预期
	行业峰会	企业战略、品牌理念介绍，行业洞察交流
街上展露	巡展、街区展示会	快速但真实的产品接触，包含外观、内饰、主要功能亮点
	街上路过的车辆	快速的外观设计传达
	活动赞助用车	除展示外观外，也是产品定位和企业实力的具象传达
	特殊车队，如婚礼、车友会活动等	除展示外观外，亦可展示产品定位或车主文化圈层等信息
临时使用	出租车、共享车、专车、快车等	相当于产品试乘，但也会展示产品经长期使用后的深层体验内容，例如与司机的交谈、观察外观 / 内饰耐久性、耐污性等
	试乘试驾	全面的产品浅层体验以及部分高频使用的性能体验
	短租自驾	全面的产品浅层体验，但比试乘试驾更深刻，场景更真实
	短租向长租或销售转化	用户在短租体验后，向长租、融资租赁或自购转化的渠道
	借用亲戚、朋友车辆	与短租自驾类似，面向真实用车场景的浅层体验

类型	Touch Point	影响用户方式
官方正式展示	官网、APP	来自官方最系统的产品展示
	汽车网站产品页	产品定位、主要卖点、功能／配置、关键参数和产品型号介绍、与竞品的对比等
	产品说明书	纸质的、在线的或者内置在车机内部的，用于查询产品技术细节
	应用 AR 等技术的 3D 线上展示	外观、内饰设计以及主要交互细节设计的线上展示
	长视频介绍、官方宣传片	产品设计理念、主要卖点和关键技术特征的视频介绍
	短视频介绍，抖音、小红书等	产品某个方面的传播展示
传统硬广及宣传页	产品单页	针对有初步意向的用户或者到店用户，展示产品定位、主要卖点、功能／配置、关键参数和产品型号
	户外广告（大牌、灯箱等）	针对广泛的受众，展示产品造型、设计理念、定位主题或核心卖点的高度概括。展示时间短暂，必须抓住用户的注意力
	楼宇视频广告（分众传媒等）	特定主题的快速展示
	报纸、杂志等印刷广告	展示产品造型、设计理念、定位主题或核心卖点的高度概括、销售信息
	电视广告	特定主题的快速展示
	广播广告	产品定位理念、核心卖点、技术特征或促销信息等内容的口头传达
软性传播、植入等	线上软文	可针对某个话题展开深度探讨，形成更深层次的价值认同
	纸媒软文	相比线上软文，纸媒软文受篇幅和承载信息容量限制，但更适合留存
	与媒体合作的视频内容（编辑评价等）	将体验过程可视化，更适合介绍产品特点、卖点

类型	Touch Point	影响用户方式
软性传播、植入等	影视剧植入	更自然地展示产品内外饰造型设计或者独特的功能亮点
	综艺节目口播广告	非常简要的信息，例如品牌或产品名称、定位等
	电子游戏植入	虚拟的体验过程，让用户有更多参与感，可以传达产品设计、技术亮点等
	汽车赛事	针对产品技术亮点、极致性能的展示
	赞助活动	品牌理念、价值观的传播
话术	产品定位、特点的整体介绍	在正式场合，相对完整的时间段内，系统介绍产品特征
	产品细节介绍	适合在销售过程中，通过细节介绍或者问答，深入展示产品特点
	竞争性话术	在销售过程中，引导用户形成对自身有利的产品对比/筛选视角
生态、品牌联合	服装、装饰品等生活方式品牌	品牌理念、设计理念、价值主张更多维度、更延展形式的表达
	玩具、模型车	产品造型设计展示，并且适合长期留存
	消费电子产品合作品牌	比服装领域的品牌联合，思维更开阔，与产品结合更直接
	专用设备合作品牌	针对特殊用途产品，特定使用场景，通过专用设备的品牌联合，强调性能特征
	车联网功能合作、APP共建	面向智能车领域，在软件、数据层面的品牌联合，可以提供更多功能或服务，或者增加更多的离车场景
	文化产品合作	更加形而上的品牌传播
预售	预售产品发布	面向种子用户，成体系的产品展示
	早期订金收集	通过小额订金的形式，与潜在客户建立更确切的黏性
	小定向大定转化	通过运维、持续的产品展示，将小定用户转为大定用户，锁定购车意向
	车辆交付	车辆交付，将大定用户转化为真实用户

延伸话题：

开车不同于上网，但令人遗憾的是，今天在汽车行业大行其道的很多用户体验管理工具都是生搬硬套自互联网行业的。比如 User Journey Map，很多人竟然会把用户使用网页那个过程中形成的情绪曲线直接引入汽车用户的 User Journey 当中。用这些工具设计和管理的汽车产品用户体验结果必然会让人啼笑皆非。

不得不说，正是互联网行业，尤其是移动互联网行业让用户体验管理成为如今的焦点话题。但这并不意味着汽车行业此前没有用户体验管理，只是原有那套稳定的价值系统存续时间过久了，并且演化成本书第一章所说的那个惯性系统。用户体验管理的很多工具和技巧也就内化到惯性系统当中，成为价值管理工具的一部分而已。如今我们重提用户体验管理这个话题，吸收其他行业的思想没有问题，但必须要从汽车行业本身出发，针对这个行业独特的体验过程建立最有针对性的分析工具和模型，绝不可本末倒置。

用户体验的形成

前文我们梳理了汽车产品与用户之间可能的接触点，每一种触点对应着不同的使用 / 体验场景和体验主线，这是汽车产品用户体验管理最为复杂的一面。接下来我们仅从体验过程出发，梳理在这个过程中用户体验具体的形成方式。为此，我们不妨看几个常见的与汽车接触的案例：

1. 在繁忙的工作日，你开着自己的车加入早高峰拥挤的车流当中。在出发前你肯定对所在城市的早高峰心有准备，也期待自己的车能够帮助你更快、更舒适、更安全地抵达公司。为此在上班过程中，你可能会用到导航实时监控各条路线，以便自己能够及时选择一条最佳路线。如果你的车上装载了自动跟车系统，在条件允许的地方你可能会用到这个系统，以便让自己能够获得片刻的休息。也许你还希望在路上听一段提神醒脑的音乐，或者继续完成喜马拉雅或者得到 APP 上的某个音频课程。如果你对自己的驾驶技术足够自信，你甚至会把一些简单的早餐拿到车上，边开车边吃一个热狗……总之，在这段几乎每天都会重复发生的旅途当中，你其实对自己的车辆是有很多期待的，为了达成这些期待，你会努力探索车辆每个功能的特点，它们解决实际问题的能力，并且根据你自己的实操体验决定下一次上班路上对这部车更加合理的期待有哪些，应该使用哪种操作方式……

2. 终于到了周末，你希望带着全家人到城市周边 50 公里左右的一个景区放松一下。在出发之前除了对景区有些期待之外，你也一定会对这趟旅程中车上的时光有很多期待。比如你希望在路上体会一些真正的驾驶乐趣，毕竟天天早晚高峰堵在路上的感受太憋屈了；你也希望车上的娱乐系统能够让整个旅途可以锦上添花；在景区里你希望边开车边能够与大自然进行最亲密的接触；遇到风景好的地方，你还希望车辆能够把你看到的这些景象保存下来……正是有了这些期待，你才有动力探索车辆更多的潜能。而到了旅途结束时，整个这趟旅程给你留下的回忆也必然包含车辆相关的很多内容。

3. 你准备换一辆新车了，你肯定会对自己的下一辆车有很多期待。比如比目前这辆车更大一些，内饰更豪华、更舒适一些，动力更强劲一些等。这些期待很多都来自你之前那辆车建立的基准，因为之前那辆车已经用了三五年了，很多感受都非常具体。于是在选车过程中你的很多判断都是建立在以前的用车经验当中。带着这些期待，同时也带着在上一辆车使用过程中获得的经验和产品认知能力，你会认真对比各个备选对象。在实际对比中，除了 4S 店销售顾问主动给你介绍的内容外，你更愿意结合自己期待的用车要求，有针对性地体验各种功能和设计。在体验完毕后，你会针对每一个备选对象做出一些总结，然后判断哪一个更适合自己。

4. 某次出国旅行，你决定在当地租一辆车，这样更方便一些。于是你会结合目的地的特点，与你一同出游的人数，自己携带了多少行李等，当然也包括自己的预算，选择一个最合适的车辆。在这个选择过程中，你也会对这部车有很多期待。比如在旅途中能够让家人更舒适，更安全。又或者能够适应欧洲古城那种狭窄的街道和停车场，同时又能装下自己的两个大号行李箱……在拿到车辆以后，当然，很可能租车公司会临时给你换一部同级别的其他车辆，或者因为这个级别的车都被租出去了，他们还可能给你升级一个更好的车（当然这样做也是符合租车协议的）。于是前面的很多预期你都需要重新调整，并且在后续旅途中，经过实际体验，你还会发现很多以前自己没有想到的问题，当然这些也是有好有坏……最后，在归还车辆那一刻，你很可能还会对这个车做出一个总结性的评价。

以上这些都是经常发生的用车案例或者选车案例。透过这些案例，我们可以看到用户体验的完整形成过程。

首先，在开启这个体验过程之前，你会对这次体验抱有某种预期。这些预期一部分来源于即将面临的使用场景本身的要求，比如在早高峰的车流当中可以及时发现一条更加省时省力的路线。另一部分来自于你本身过去的用车经验，这些经验有些基于真实发生过的，并且多次重复的用车场景。比如昨天上班路上用了 30 分钟，今天如果只花 25 分钟就是一种惊喜了，显然这个预期是可以被准确描述的。另一种可能是这些预期基于过往类似用车案例的可比经验。比如上一次我开着某辆越野车曾经成功地穿越了某个沙漠，今天我又去了另一片沙漠，虽然具体地形有差异，但经验是可以被借鉴的，对车辆的预期也是可以被准确描述的。

其次，在实际体验过程中，你会基于用车场景和这个场景下你真实面临需要解决的问题（用户任务），探索和使用车辆各种相关的功能。在这个过程中，由于每辆车解决用户具体问题的路径都是千差万别的。比如你想在车上喝一杯咖啡，咖啡既可以放在中控台的水杯架上，也可以放在车门内板的水杯架里。至于哪个位置更舒服，每个人的答案可能并不相同。因此这里有一个关于功能和性能感受的探索过程。具体体验的形成也是通过逐个功能尝试建立起来的，但感受本身又是可以积累的。尽管这种积累的方式肯定不是每个功能感受的简单加权平均，但每个功能都在为用户的整体感受贡献力量或者形成干扰。于是在实际使用或者试用过程中，包含具体功能的使用和感受的积累两个过程。

最后，当这个使用或者试用过程结束时，用户会产生对这一过程的总结和回忆。总结的内容包括车辆是否能够顺利解决自己的具体任务要求，是否提供符合自己预期的某些体验。回忆则是在这个使用或者试用过程中，能够留给自己深刻印象的一些内容。

上述这个过程如下图中圆环所示，但最为关键的，用户的思考并不会因为产生回忆而结束，他们会进一步对比产生的回忆与最初的预期之

概括性的、总结性的及单点的预期和回忆

细节的、完整的使用和感受过程

| 图示：用户体验的形成过程

间是否匹配。如果符合或者超越预期，这个产品就更有机会让用户满意，如果达不到预期，用户必然会很失落。当然，还有一种情况，那就是用户最终形成的回忆与初期的预期不太一样，但这个不一样是维度上的差异，而非打分上的差异，这种结果就意味着产品给用户带来了某种新的认知。

此外，之所以我们使用圆环的形式设计这张图表，是因为用户体验是一个连续过程：上一轮体验的结果会影响到用户下一轮的预期。本质上这与 PDCA 循环是一个道理。至于这种循环的影响，我们后续继续展开。

最后，在本节，我们再强调一点，上面那个用户体验圆环当中的每个步骤都是可以被有效设计和管理的。当我们梳理清晰体验的形成过程，也准确理解每一步骤的影响因素后，我们便可以开展设计用户体验过程，管理用户体验结果的工作。这些内容我们将在下文当中展开。

浅层体验与深层体验

在上文我们介绍的用户体验背后，汽车产品的用户体验过程还存在另一个视角的分类值得品牌管理者认真探讨：浅层体验与深层体验。为了理解这两种体验的差异，我们继续看一组案例，这组案例指向同一个用户的买车和用车过程：

1.某用户正准备选购一部新车，他希望选择一部造型潮流时尚，经济实惠，适合三口之家，在城市使用的小型SUV。上述这些内容可以说是他最基础的购车要求，或者预期。带着这种需求，他会去各大汽车网站做很多功课，了解符合自己要求的产品都有哪些，每个产品的实拍照片、AR影像、用户评论等。经过一段时间的"潜水"，他已经积累了很多产品知识。

2.每次逛街的时候，他都会留意身边驶过的汽车当中是否有自己备选清单中的产品，他依然希望眼见为实，毕竟网上看到的照片和实车还是有一些效果差异的。

3.偶尔一次使用网约车的过程中，应答的司机刚好开了一部自己备选清单中的车辆。于是这段旅程的 20 分钟成了难得的体验机会，他不仅在车上到处仔细翻看，还尽可能多地询问网约车司机的使用体验。

4. 根据自己准备好的备选清单，他找到这些品牌的经销商，可能是 4S 店，也可能是卖场或者其他展厅。到了经销商那里，他会根据自己的购车要求仔细体验车辆的很多细节。包括静下心来仔细观赏车辆的外观、内饰设计。检查工艺细节，包括钣金和漆面的质量、不同位置接缝的整齐程度，还有被很多人称为"灰区"的位置是否得到妥善处理等。他也会坐到车上感受方向盘、排挡杆、车机、仪表、座椅、天窗等触手可及的位置。在结束了静态体验后，他会有针对性地询问销售顾问一些问题，并且索要产品资料以及咨询销售政策。

5. 对于部分意向强烈的车型，他还会要求经销商安排试乘试驾。在试驾过程中，他会尽量让自己像一个车主那样体会拥有这台车后的感觉。包括驾驶操作感受、动力和底盘感受等。坐在副驾驶或者后排位置，他也会尝试体验车辆的动态舒适性，或者干脆让全家人和自己一起参与试乘，并且参考他们的意见。

6. 当他决定购买某辆车以后，便进入了日常使用过程。其实一旦把车买回家，大多数时间的使用过程都非常简单而重复，无非是每天上下班代步以及接送家人的往复活动。开始的时候他还停留在拥有新车的兴奋阶段，期待每天在新车上多花一些时间，也会花心思研究很多未被充分体验到的功能，期待这些功能可以给自己带来更好体验。慢慢地，他对这部车的了解更加充分以后，日常使用就会变成无需动脑的一些习惯性动作。

7.当然，买车以后也有很多用车活动不是那么经常遇到的。比如外地的父母偶尔过来了几天，车上一下子多了两个人，虽然座位数量还够用，但空间小多了。这段经历持续了一个短暂的假期。再如一次国庆长假，他心血来潮选择全家人自驾外出旅游，用了6天时间完成了3000公里的自驾游。这些体验让他感受到了车辆的很多其他特征。

8.一次意外的事故成了他对朋友炫耀的资本。在那次事故中，他与另外一辆比自己更贵的车正面相撞，但对方比自己受损严重不少。这次事故让他对这部车的安全性信任有加，他还把事故的照片从多个角度拍了下来，在很多论坛上发帖分享了出去。

通过上面这组案例，我们可以看到在这位用户的整个购买和使用流程当中，对产品的认知和体验过程是由浅至深的。在完成购买决策之前，用户接触产品的机会有限，他只能从表面上或者借助其他渠道间接地了解到产品的相关信息。我们把这类体验称之为浅层体验，浅层体验当中用户能够理解的内容往往局限于表面可见的，易于试用的，或者便于转述传达的内容。而当他把车买回家以后，在后续漫长的使用过程中，很多隐藏在表现之下的特征就会浮出水面。一方面，许多高频使用的功能会被体验得更加充分，甚至很多会变成一种特殊的使用习惯。另一方面，透过一些虽然不常发生，但必须实际体验过才能感受到的使用过程，用户会对车辆形成更加深刻的认识。

尽管浅层体验和深层体验的界限不会那么明显，但我们可以简单化处理，将购买过程作为划分两者的关键标志。在买车决策前的选车、看车行为往往都具有非常明显的浅层体验特征。在买车之后，用户才更有机会开启自己的深层体验过程。当然现实是，即便不买车，用户仍有很多机会实现部分深层体验的，比如前面提到的通过车辆租赁过程。

图示：浅层体验和深层体验

如果以购车节点作为浅层与深层体验的分界线，我们对浅层体验的设计和管理就更加聚焦于服务营销过程。即希望通过让用户在我们设计的体验主线下，建立对我们有利的预期，完成浅层体验后再形成与这些预期相匹配的回忆。这会让车企的营销工作变得更有针对性，也更容易和产品定义以及研发环节衔接上。

相比之下，深层体验更加面向用户的日常使用过程，它影响的是用户对这个车辆以及这个品牌的长期口碑以及忠诚度。因此车辆的深层体验环节一定是更加合理的，更容易让用户形成习惯的（用个不太恰当的词就是"至瘾的"）。也就是说，要在深层体验层面建立优势，必须依靠产品自身的硬功夫，这并不是弄一些花哨的、试图刷存在感的个别卖点就可以解决的问题，必须为此建立一套长期坚持、不断迭代的管理系统。

体验范式与关键要素

通过前文对用户体验形成过程的梳理，我们可以再回过头来对完整的体验环节作出进一步的抽象。本节我们看一下整个体验过程中有哪些关键要素，进而可以抽象出一组汽车用户体验的范式。

第一，人物是整个用户体验当中必不可少的一个要素。这里的人物既可以是车主或者驾驶员，也可能包含车主的家人、朋友、合作伙伴等。具体包含哪些角色由车主的身份或者使用场景决定。不同的人物，也就是不同的用户，拥有不同的选车、用车要求，不同的过往用车经验，不同的经济条件，不同的价值观……总之，每个人对车辆的具体要求都可能是千差万别的。因此用户一定既是整个用户体验环节的主题，也是这个过程的核心。

第二，车辆在哪些场合被使用也是整个体验过程当中必不可少的一个约束条件。同一个用户，开车跑出去娱乐和开商务车去谈生意这两件事，不仅仅是场合不同，对车辆的要求也必然是截然不同的。事实上，用车场合就是用车场景了。

第三，在每个具体的用车场景下，用户期待车辆解决的问题都是相对固定的，这些问题可以被描述为一组用户任务。比如在早高峰的上班路上，用户希望车辆可以实时监控各条主要路线的拥堵情况，以便及时选择切换到合理路线上。当然，这个用户任务也可以被描述成总能找到一条最省时、省力的上班路线。任务列表一方面来自用户在具体用车场景下的期待，另一方面也是可以被设计和引导的。厂家通过对用户使用行为的洞察，可以设计一些新的用车方式，这等于在激发用户一些新的任务诉求（欲望）。

第四，在解决上述问题，也就是用户任务的过程中，用户也期待产品给自己带来某些特定的感受。比如在一次高速超车过程中，用户期待车辆给自己带来自信、人车合一的驾驶乐趣。这些期待的感受既是体验的要求，也可以是体验的结果。事实上我们可以通过积累，形成一组可以大致囊括主要体验诉求的体验因子，建立一个描述用户体验的价值空间。

最后，同样是为了完成用户任务，用户一定会使用车辆的具体功能，或者是单个功能，或者是一组特定的功能组合。同样，在一定的时间范围内，我们可以把已知的功能基于某种原则穷举出来，形成一个Function List。后面我们会提到，Function List 将是未来我们定义汽车以及评价汽车产品价值的关键。因为用户在整个体验过程中，最终与车辆的触点都是一个个具体的功能。

基于上述拆解，我们可以形成一个用户体验范式，即：谁，在什么场合用车，使用什么功能，解决什么问题，期待什么感受。与这组概念对应的就是用户、场景、Function List、任务以及体验要求。

图示：用户体验范式

至此，我们已经将汽车产品用户体验的形成过程进行了全面的梳理，并且形成了用户体验范式，以及这个范式背后的关键概念。有了这样的基础，我们便可以开启后续问题的讨论了。在下一章，我们将基于这个体验范式建立围绕用户体验的产品竞争力评价模型，定义这个评价的操作方法。

延伸话题：

　　汽车行业用户体验的形成过程与互联网行业是存在本质不同的。互联网行业的使用场景更加单一，也很难划分浅层体验与深层体验过程。因此那些来自互联网行业的用户体验模型更多聚焦于从 User Journey 角度将体验过程步骤化，比如将用车过程划分为出发前、上车过程、驾驶过程、抵达和停车过程、离车过程……然后再梳理每个过程的用户任务、体验要求、情绪曲线等。我不能说这种方式一定是错误的，但由于这种方式并不是根据汽车行业的特征进行的归纳和抽象，应用这种方法后续对应的场景数量会非常恐怖，其与产品定义、研发、营销等整个链条的协同关系也很难被有效定义。

第三章

/

围绕体验，建立新的竞争力评价基准

汽车行业的第四种主流评价方式

体验评价的基本逻辑

流程与操作方法

用户体验评价的案例展示

章节导语：

　　基于第二章形成的用户体验范式，我们实际上已经建立了一组清晰的概念体系。本章我们将从这一范式出发，梳理汽车产品用户体验评价的相关模型、工具以及操作流程。在变革市场中，这将成为我们最为重要的价值判断标准。

　　本章形成的这套评价方法主要面向以下四类应用场景：

　　1. 在全新产品定义过程中，基于用户体验评价模型确立新车型的各项开发目标。

　　2. 在产品诞生过程中，针对关键里程碑节点，检验开发目标是否有效达成。

　　3. 针对现有产品，全面评价竞争力，形成市场沟通策略以及未来的产品改进计划。

　　4. 针对车企的变革过程，通过用户体验评价和集中研讨，寻找各关键业务单元的问题和差距。

前文当中我们提到随着汽车行业变革的深入，大家对于汽车产品价值的评价标准越来越失去共识。失去的明确的价值标准，汽车的定义、研发、营销过程都会变得十分危险，我们很难确保整个体系依然处在正确的轨道上。因此，迎接变革周期，我们必须重建这个价值基准。显然，用户体验是这个问题的根本，重建这个价值基准，我们必须从用户体验出发，围绕用户体验的形成过程，建立一套新的产品竞争力评价方法和具体操作流程。

汽车行业的第四种主流评价方式

针对已经开发完毕的车型，按照执行人员和操作方式的差异，我们可以将目前汽车行业普遍存在的评价方法划分为三个类别：由质量控制团队主导的 Audit 评审、由评价工程师主导的主观评价，以及由用户调研主导的产品竞争力评价，比如 Car Clinic、IQS、APEAL 等。

第一类评价方式，也就是由车企质量控制团队主导的 Audit 评审，他的本质在于将多年以来车辆质量管理过程中积累的发现固化成为内部标准，再由受过培训的质量控制人员应用这些标准对产品进行打分。这些标准相当于构建了产品的一组负面清单，操作这种检查可以让产品设计和生产犯更少的错误。但所有负面清单都是来自历史经验的积累，Audit 检查并不能支持创新问题，甚至有时候还可能成为创新的阻力。

第二类评价方式是由产品评价工程师主导的，更多是沿着前文提到的那组特征管理体系，如舒适性、驾驶性、人机等指标开展的主观评价。评价方式无非是在各种被设计好的路面或者工况条件下，由受过严格训练的主观评价工程师按照规定动作驾驶车辆，评价产品的各项性能表现。主观评价一方面是为了产品对标以及基于对标的产品定义服务的，另一方面也可应用在现有产品的改进工作当中。正是由于主观评价工程师必须受过严格训练，因此这种评价的价值更多不是由方法和流程保证的，而是由评价的操作人员决定的。这既是主观评价的局限性，也是很多成熟车企建立自己竞争优势的基础之一。

第三类评价方式是将主导权交给用户，例如 Car Clinic，在厂家的新产品上市之前，往往都会进行这种评价调研。具体的操作方式是找一个保密的封闭场所（通常是体育场），把自己的新产品与预计的核心竞品摆在一起，然后把设定好的一组目标用户请过来，针对每辆车的多个细节逐点打分，最后再统计每个车在这组用户当中的平均分。当然同时也会询问用户很多有关购买倾向的问题，最后综合这些问题形成产品竞争力评价报告。除了在新车投放前，很多车企在造型冻结之前也会把自己的油泥模型或者其他形式的模型拿出来，与竞品车摆在一起，使用类似的操作方式让用户针对设计问题给出评价。对于即将上市的新车，我们认为 Car Clinic 是很有价值的，只不过随着产品功能越来越复杂，Car Clinic 的大部分问题仅能覆盖造型、内饰、内部空间等问题，缺乏对完整体验主线的评价。而针对模型阶段的评价，我们更加不认为一组普通用户对未来流行趋势的把控能力可以超越设计师。在过去我们经历的很多案例中，模型阶段的 Car Clinic 更有可能会扼杀好的、即将流行的设计，他们更愿意接受当下流行，但两三年后随时会过时的设计方案。因此，把评价权直接交给用户，尤其是大样本的普通用户并不算以用户为核心，而是对以用户为核心的误解。

综上，现存的三种主要评价方式都各有侧重，既有自己的适用范围，也有自己的局限性。面向正在深化的行业变革，这些方法本身的局限性已经越发明显，我们需要围绕用户体验的形成过程，设计一套新的评价方式，为变革周期建立新的价值基准。

为此，So.Car & EFS 从用户体验本身出发，围绕用户体验的形成过程，开发了一套新的产品竞争力评价体系。从目标出发，我们希望这套体系可以解决以下问题：

1. 可以准确描述用户体验的形成过程，并且可以有效反馈用户体验的结果。

2. 能够体现用户对产品的要求，虽然具体过程不一定来自直接的用户调研（因为直接的用户调研存在很多缺陷）。

3. 能够指导车企的产品策划、定义工作。

4. 能够从用户体验评价出发，进一步梳理现有研发组织模式的问题，为建立新的协作体系提供支持。

5. 能够帮助营销管理和品牌管理部门，将他们同样纳入用户体验管理的协作过程中，让车企整体行动的一致性、协同性进一步加强。

6. 必须是可操作的、能够产生有效结论和洞察的评价。

接下来，我们的介绍也同样围绕解答上述问题展开。在 So.Car 过去几年的产品战略咨询服务过程中，我们一直在努力梳理这样一个新的评价体系，并且不断在实践当中探索和迭代。今天我们相信至少这一新的体系已经初具雏形，尽管后面还有大量工作尚需完善，但这一方法的优势已经显现，它必将成为汽车行业广为流行的第四种评价标准。

体验评价的基本逻辑

如前文所述，我们提出了汽车产品用户体验形成的范式，即：谁，在什么场合用车，使用什么功能，解决什么问题，期待什么感受。与这组概念对应的就是用户、场景、Function List、任务以及体验要求。接下来，我们建立体验评价系统的逻辑也需要从这个范式展开。

首先，我们必须要明确每个品牌或者产品的目标用户，理解他们的生活方式、用车方式以及产品要求和产品认知规律等。获取这些内容必须要进行消费者洞察，当然能够支撑这种洞察的操作方式、数据来源存在很多种。只要我们目标明确，再匹配合理的执行方案，要想解决这一问题并不复杂。只不过描述用户这件事是没有终极答案的，每个用户的特点和需求也是千人千面的，为此我们必须找到一种合理的，更能解释产品定位问题的用户群划分标准，并且这种标准是相对固定，可以跨周期跟踪和对比使用的。

其次，我们需要明确目标用户的使用场景，并且把这个场景与目标用户群对应起来。为此我们需要解决的关键问题是建立描述场景的语言体系和数据体系，只有这样才能把"场景"真正管理起来，并且引入评价体系当中。尽管从概念上每一个场景都是一个具体的用车画面，描述这些画面的维度可以包括里面的人物（包括人物数量与人物关系等）、用车目的以及用户环境（时间、路况、天气等）三个主要维度。但是如果沿着这些维度，以及每个维度的细分维度不断穷举的话，这些场景将会有数千万种以上。而且上述维度交叉出来的场景当中，很大一部分都是无效场景。问题的关键在于哪些场景有效，哪些场景无效，这个判断必须由人来完成,它不是一个简单的算法拓展问题。显然这不是一个具有可行性的数据模型构建和管理思路,为此我们必须另寻他法。

为了解决这个问题,So.Car 的经验是将场景和用例（Use Case）分开,使之成为两个层级的概念。场景是由人物以及用车目的两个维度描述的,可以有效区分产品定位问题的更高一个层级的概念。而用例是指前文提到的由各种主要维度交叉组合而来的,可以详细描述每一个用车画面的精确概念。基于这样的概念设定,我们可以沿着参与者（用户）以及车辆用途（目的）两个维度形成一组场景框架,并且通过特定的数据来源研究这些场景的频次或者重要性,如下图所示。

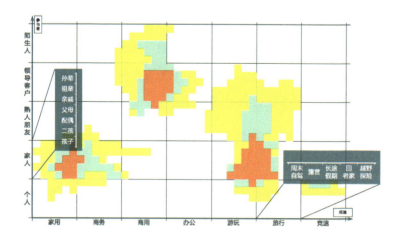

图示:沿着参与者（用户）以及车辆用途（目的）两个维度形成场景框架

按照上述规则，场景的概念和数据结构都被大幅简化了，但 Use Case 的描述仍需解决。事实上我们并没有回避这一概念，而是将 Use Case 的梳理与 Function List 结合到了一起，这一问题我们后续详谈。

再次，在清晰描述用户和场景之后，我们需要进一步明确用户在每个场景下需要解决的主要任务，以及用户期待产品给自己带来的体验感受。完成这一任务首先还是需要基于消费者洞察，通过了解用户的生活方式和用车方式，找到这些关键任务。此外，更加重要的是，我们需要通过消费者洞察，真正理解目标用户的所思所想，建立与用户的"同理心"。在这里我们借用了消费者研究或者设计策略研究行业常用的一个工具——同理心地图，如下图所示。

使用同理心地图，我们通过分析目标用户在车辆选择和使用过程中看到的内容、听到的内容、感受到的内容以及这些用户的行为表现，可以更进一步理解他们的价值标准，他们的体验要求，并预测他们的行为模式。只有建立同理心，用户体验研究才能真正站在目标用户的立场上思考和判断问题。事实上，我们在通过这种方式替代很多通过对用户的直接调研所获得的细节问题，因为汽车产品的复杂度太高，越是细节的问题，通过直接调研获得的数据越容易失真。表面上建立同理心之后，我们会再让评价团队替代真实用户进行判断，但由于评价团队本身具有专业能力，以及他们对完整信息的掌握更加充分，他们在细节问题上的判断反而更加准确。

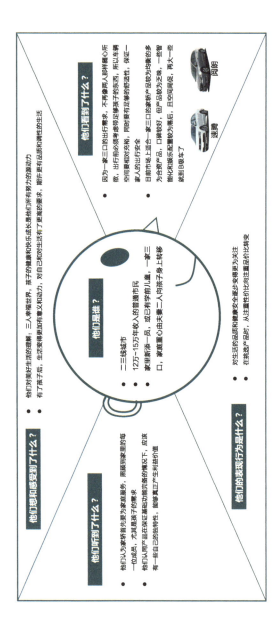

图示：同理心地图

他们看到了什么？

- 因为一家三口的出行需求，不再像两人那样操心所欲，出行前则必须考虑够孩子的东西，所以车辆空间要相对充裕，同时要有足够的舒适性，保证一家人的出行安全
- 目前市场上适合一家三口的豪新产品较为均衡的多为经济产品，口碑较好，但产品较为乏味，一些售价和娱乐配置较为落后，目空间促使，再大一些就到B段车了

闳朗

速腾

他们是谁？

- 二三线城市
- 12万~15万年收入的普通市民
- 家里新添一员，或已有学前的儿童，一家三口，家庭重心由夫妻二人向孩子身上转移

他们想好和感受到了什么？

- 他们对美好生活的理解：三人幸福世界，孩子的健康和快乐成长是他们所有努力的源动力
- 有了孩子后，生活变得更加有意义和动力，对自己和对生活有了更高的要求，期许更有品质和调性的生活

他们听到了什么？

- 他们认为孩子首先要为家庭服务，照顾和家庭的每一位成员，尤其是孩子的需求
- 他们认同产品在保证基础功能完备的情况下，应该有一些自己的独特性；简够真正产生利益价值

他们的表现行为是什么？

- 对生活的品质和健康安全等步变得更为关注
- 在耐选产品时，从注重性价比向注重品质价值转变

最后，解决完了上述问题后，我们需要明确体验评价的触点和主体。实际上我们设定的整个评价有一支专业团队，在充分理解用户（建立同理心后）的基础上，沿着一组特定的场景和任务列表，探索被评价车辆解决这些任务的能力。在尝试解决这些任务的过程中，评测团队会探索各种可能涉及的功能，以及每个功能的具体性能表现。在这个逻辑中，评价的直接对象是每个用户任务，但体验或者探索触点是具体的每个可能被使用到的功能。因此我们等于是在探索每个任务完成过程和方式的过程中，操作每个可以为解决任务做出贡献的功能。然后去评价和记录每个功能在解决任务过程中的性能表现，发挥作用的方式，并且记录这些功能的实现方式（硬件、软件或者设计等）。

在具体评价的操作中，与解决用户任务对应的是一个个功能组合，但评价记录的细节是具体的每个功能，并且我们还要详细讨论这些功能目前的实现途径。最后，我们还需要针对整个任务列表，将体验到的所有功能组合加总到一起，形成对于整车功能、性能和体验的综合评价。这些概念的具体对应关系如下图所示。

之所以要使用这种对应方式，而不是沿着特定的功能进行逐点评价，这是因为功能本身是异常多样和复杂的。而且每个车拥有哪些功能，每个功能的具体实现方式都千差万别。用户对产品的体验要求并不能完全穿透到具体某个功能的呈现形式上面，直接深入细节的评价就会失去标准。

此外，不同车辆解决每个用户任务的途径也是不同的。比如一个家

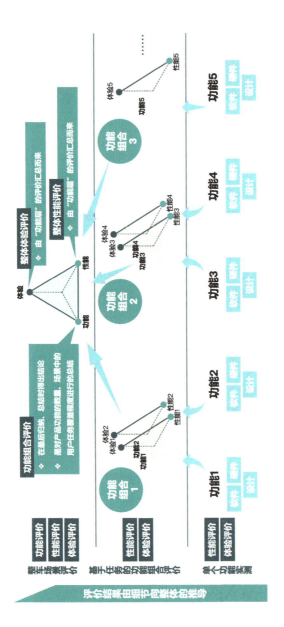

图示：对于整车功能、性能和体验的综合评价对应

庭周末自驾游的过程中，想要让全家人在车上获得更多娱乐，不同车辆就可能提供截然不同的解决方案。有些车可能只能听收音机或者 CD；有些车可以通过车载 APP 寻找网上音乐；有些车可以让副驾以及后排乘客看一部电影；有一些车可以支持车上卡拉 OK 或者玩游戏；还有些车的 AI 可以和全家人互动……因此，针对每个用户任务，我们都必须充分探索车辆各种可能完成这些任务的途径，并且详细记录和对比这些途径。从完成任务的具体途径出发，再去审视每个任务、每种途径当中涉及的具体功能。这样每个功能发挥的价值完全取决于本次它要支撑的这项用户任务对应的价值。从任务角度出发，我们也可以更加清晰地定义每个功能的具体要求了。

延伸话题：

　　大家总是习惯使用量化的方式描述问题，但很多时候量化描述反而是为了追求精确的效果而让问题变得更加不精确了。这里关于场景重要性的问题就是很好的例子，大家往往将每个场景发生的频率与这个场景的重要性混淆在一起。实际上高频的场景对于用户而言未必那么重要，反过来，有些只是发生过一两次的场景却可能彻底改变某人对自己车辆的认知。比如很多人都介绍过有人在严重车祸中逃过一劫的故事，当然这种故事的发生频率是极低的，但逃过一劫的人很多都会发自肺腑地感谢曾经保护过他的那台车。这种场景如果论权重的话，肯定比每天那些无聊的上下班代步有用多了。

　　因此，我们不建议使用频次替代每个场景的权重，但我们也不反对大家统计这些场景的发生频次，毕竟它会给权重设定提供很多有价值的参考。

　　此外，我们还要明确一点，加权平均，尤其是算数加权平均未必是大家处理数据的好办法，只不过这种方式足够简单，容易让更多人理解而已。

流程与操作方法

有了上一节我们梳理的逻辑和概念体系，接下来我们就要进入具体操作环节了。我们可以把整个体验评价的工作划分为以下几个步骤：

Step1　明确体验评价的背景和目标

每一次评价我们都必须首先明确评价的背景和目的，不能仅仅是为了评价而评价。以 So.Car 的项目经验判断，通常用户体验评价可以解决以下几类问题：

1.新产品策划和定义问题，可以通过针对竞品车或某些标杆车型的体验评价，获得更加具体的开发目标。

2.伴随产品诞生过程的目标检核。即在新产品研发过程中，面向一些关键里程碑，我们可以针对设计方案或者一些可体验模型进行相应的评价，用以检验各种开发目标的完成程度。

3.现有产品竞争力评价，即针对车企的现有产品，组织相关评价，并以此获得营销传播建议或者生命周期管理建议、后续迭代建议等。

4.针对团队开发理念、产品认知标准或者研发分工组织模式的专项评价。当车企内部对于产品价值认知或者未来发展方向存在分歧或者疑惑时，组织相关部门或人员参与体验评价，在体验评价中达成共识是一种非常有效的方法。尤其针对目前的行业变革阶段，因为体验评价的对象、评价的发现以及做出这些判断的逻辑是非常具体的，透过这些信息，车企很容易发现自身的问题。

只有我们明确了每次评价的目的，理解了每次评价的具体背景，才能更有针对性地设计体验评价的更多细节。虽然大体操作步骤和方法是类似的，但具体项目肯定存在诸多细节差异，往往真正有价值的地方也恰恰就隐藏在这些细微的差别之内。

关于评价的背景，我们还需要了解每个车企的品牌战略背景和产品战略背景。尽管市场中可能存在很多直接竞争的产品，它们的尺寸、性能、价格，甚至设计理念都有很强的相似性，但这些产品可能对于每个车企的战略布局而言是完全不同的。比如红旗 H5 和吉利博瑞就是这样的例子。前者是红旗品牌的入门级车型，后者则是吉利品牌轿车领域的旗舰车型。尽管两个产品在市场中的定位是大致重叠的，但它们各自承担的产品使命是不同的，只有真正理解这种使命的差异，才能准确理解它们在各种战术选择上的异同。

Step2　确定目标用户

这一步骤前文介绍过，为了更有效地跟踪和描述用户，我们需要建立一组更加标准和规范化的人群分类系统。在这方面 So.Car 基于自己的数据系统，建立了一个将用户沿着购车预算以及产品价值诉求两个维度进行分类的坐标系统，如下图所示。

上述人群分类标准等于是把一个多维坐标投影到了一个二维坐标系下，这样可以更方便确定每个品牌或者每个车型的用户定位问题。当然，

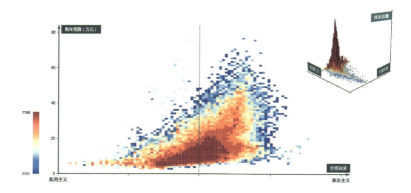

图示：So.Car 全市场人群分布地图

此图也对应着车企品牌与产品战略协同的问题，这一问题我们将在后文中展开讨论。总之，通过在上述坐标系中圈定一个范围，我们便可以描述目标用户群的更多信息。

Step3　圈定关键场景

这一问题我们需要引入上文提到的场景框架，使用这个框架我们可以研究不同细分市场，不同产品在场景层面的数据差异，即可以从场景覆盖角度审视产品定位问题，如下图所示。

基于这样的场景框架，在面向新产品策划、定义，或者开发目标检验的评价工作中，一方面，我们可以根据相同细分市场，类似产品的场景覆盖作为目标车型场景覆盖的一个重要参考。另一方面，我们也可以结合车企的品牌战略或者其他方面的目标诉求，有侧重地选择某些特定

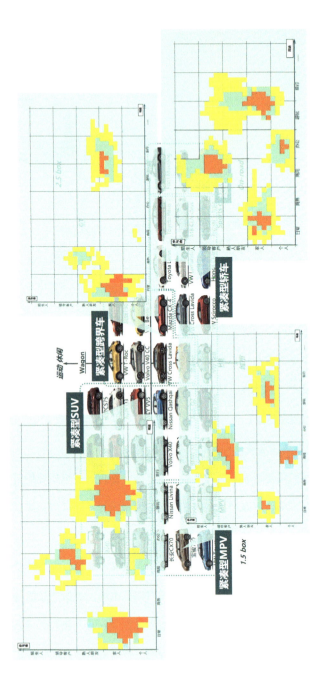

图示：从场景覆盖角度审视产品定位问题

场景。结合这两大方面，目标车型的场景即可得以明确。

如果是面向现有产品的体验评价，我们可以直接筛选目标车型以及该车型所在细分市场的场景覆盖，以此作为后续梳理用户任务的基础。

当然，应用上述场景架构我们能获得的并非一款车需要关注场景的全部，事实上这个架构更多是在向评测团队展示目标车型在高频场景上与其他产品的差异。除了这些场景之外，我们还需要补充很多与之相关的，难以在这个架构中描述的其他场景，比如：

1. 离车场景；

2. 买车后首次用车的学习和账号设置过程；

3. 把车借给朋友；

4. 去展厅看车／买车；

5. 车辆的清洗或者维修保养；

6. ……

梳理这些场景，很多需要研究团队的不断积累，但幸运的是，这类场景在数量上并不恐怖，只是不同产品、不同细分市场在描述场景的很多细节维度上略有差异。

Step4　建立与目标用户的同理心

在这一步骤当中，我们需要通过消费者洞察，让评价小组真正理解目标用户，建立与他们的同理心。由于目标用户的整体特征早在 Step1 中即已界定，在这一步骤我们需要沿着 Step1 的结果进一步深入。最典型的做法就是进行一定样本的目标消费者走访、焦点小组或其他形式的调研。

当然无论采取哪种形式的消费者调研，我们都必须聚焦在这一环节需要达成的目标上，也就是建立与目标用户的同理心。关于这一部分有很多成熟的工具，本书中不再重点探讨。

Step5　形成任务列表和体验要求

在进行消费者洞察的过程中，我们还需要充分理解目标用户在各个关键场景中需要解决的主要问题有哪些，即确定用户任务。我们可以通过目标用户的深度访谈先构建出一个大致的任务列表，然后再通过焦点小组中引导更多的用户围绕这个列表进行讨论、补充、再激发，形成更多的任务列表。最后，我们再对调研获得的这些任务进行筛选，合并相似内容，并且结合目标用户的体验要求，形成评价所需的一组任务。由于不同细分市场面对的场景和任务具有很强的重复性，我们在每次评测过程中需要对调研整理的这些任务列表进行积累，这些积累可以作为下一轮或者其他细分市场体验评价的基础。这就需要我们对场景和任务进行更加规范的记录，通过建立相应的数据库，对每个场景和任务进行编号管理是我们最推荐的做法。表中示例了 So.Car 积累的部分场景和任务：

场景和任务示例

Sce_ID	场景	Task_ID	评测用户任务
01	购车场景	0101	被外观吸引
01	购车场景	0102	被内饰吸引

Sce_ID	场景	Task_ID	评测用户任务
01	购车场景	0103	感知品质符合预期
01	购车场景	0104	空间初步满意
01	购车场景	0105	体验关键卖点功能并快速理解其应用
01	购车场景	0106	动力初步满意
01	购车场景	0107	动态舒适性初步满意
02	首次用车的学习和账号设置	0201	顺利完成解锁、开门、上车、启动过程
02	首次用车的学习和账号设置	0202	车主动人性化欢迎
02	首次用车的学习和账号设置	0203	顺利确定驾驶相关功能的操作方式
02	首次用车的学习和账号设置	0204	找到、了解和理解车辆关键信息
02	首次用车的学习和账号设置	0205	设置账号以及相关调节（方向盘、座椅、后视镜）
02	首次用车的学习和账号设置	0206	连接手机
02	首次用车的学习和账号设置	0207	调节车内温度、空气、氛围
02	首次用车的学习和账号设置	0208	初步使用车内按键，了解并记忆功能位置
02	首次用车的学习和账号设置	0209	初步使用车机，了解并记忆菜单和功能的位置
02	首次用车的学习和账号设置	0210	初次驾驶上手（转向、加速、制动、能量回收的感受）
02	首次用车的学习和账号设置	0211	初次停车
02	首次用车的学习和账号设置	0212	驾驶模式设定和感受

Sce_ID	场景	Task_ID	评测用户任务
02	首次用车的学习和账号设置	0213	关键亮点功能的尝试
02	首次用车的学习和账号设置	0214	顺利完成关闭、开门、下车、锁车过程
03	离车时（出发前）	0301	车况信息查看（能量、胎压、位置、异常……）
03	离车时（出发前）	0302	提前打开空调 / 热车
03	离车时（出发前）	0303	按照设定的出发时间自动按时打开空调 / 热车
03	离车时（出发前）	0304	提前设定路线
03	离车时（出发前）	0305	远程主动查看车内外情况
04	停车场寻车	0401	车自动找人
04	停车场寻车	0402	寻车提示和指示
05	城市内上下班 / 通勤	0501	车主动人性化欢迎
05	城市内上下班 / 通勤	0502	路况查看与路线选择
05	城市内上下班 / 通勤	0503	座椅调节
05	城市内上下班 / 通勤	0504	连接手机
05	城市内上下班 / 通勤	0505	合理安放随身物品（手机、水杯、包……）
05	城市内上下班 / 通勤	0506	车上按需听音乐、收音机、新闻等
05	城市内上下班 / 通勤	0507	降低城市驾驶的紧张情绪（人多、拥堵路况）
05	城市内上下班 / 通勤	0508	降低城市内驾驶的疲劳感（拥堵路况）
05	城市内上下班 / 通勤	0509	根据路况环境保持合理驾驶，避免混乱或事故发生
05	城市内上下班 / 通勤	0510	车上接打电话、收发短信 / 微信等对外联络

在确定任务列表后，我们还需要真正理解用户在这些任务当中的体验诉求。也就是说，我们需要在与用户建立同理心的基础上，真正理解用户为什么需要完成这些任务，以及完成每个任务过程中他们期待获得的收获或者规避的痛点是什么。这些收获或者痛点往往可以指向一组特定的体验因子（即前文我们提到的体验要求）。

在分析每项任务对于目标用户价值的过程中，我们可以借用一些相对成熟的工具，比如用以设计价值主张的用户任务分析地图。它可以将每个任务进一步朝着给用户带来的利益以及用户期待规避的痛点进行拆分，如下图所示。

图示：用于设计价值主张的用户任务分析地图

这一步骤我们最终需要的是，明确目标用户在每个任务上需要获得的体验因子，即建立任务列表与体验因子的对应关系。

以上相当于实车评测前的数据准备工作，当然最为重要的是，我们需要组建一支能够胜任此次评价的专业团队。一方面，他们必须受到足够专业训练，能够顺利发现和操作车辆的主要功能，并且能够对这些功能给出恰当的评价。这就要求这组人员必须体验过数量足够的车，他们头脑中要存储足够的产品设计和功能案例。另一方面，这个团队需要真正理解用户，理解市场。只有这样他们给出的洞察和评价才能真正与目标车型相匹配，而不是像部分汽车网站的评测编辑那样总是陷入教条。这就要求这支团队必须具备多年的市场分析经验，并且与众多真实用户进行过大量面对面的交流。除此之外，支持评测团队背后的数据系统和知识库也至关重要，因为很多洞察都必须建立在大量数据和知识的积累之上，而且每次评价也需要成为下一次评价的知识积累。

Step6　进行体验评价的实际操作

在完成了上述准备工作后，我们需要进入实车体验的操作环节。

这里首先说一下评价团队的构成和分工。由于 So.Car 是一家咨询公司，我们更多的项目实践是帮助车企提升产品战略能力。因此在这类项目当中，我们一方面需要组织并执行评价，另一方面需要向车企客户转移知识。这个评测团队就需要兼顾上述两方面的目标。在这种情况下，评测团队由 4~5 人组成，他们会始终在一起完成每部车、每个场景以及每个任务的体验。在这 4~5 人当中，有 3 名来自 So.Car 的人员，一人负责车辆的各种驾驶和功能操作。因此这个人必须是前文提到的产品专家，他需要拥有非常充分的产品知识和驾驶经验。该小组的第二个重要成员负责确保每个场景和任务按照计划推进，并且他需要全程参与此前的数据分析以及消费者洞察，他是整个团队当中最理解用户的人，他需要基于自己建立的同理心与整个小组进行讨论。第三个人主要负责在过程当中进行拍照、摄像或者其他形式的记录工作。在评价结束之后，他还面临非常繁杂的资料归集任务。该小组的另外 1~2 人来自我们的客户，他们可以全程参与评价，通过与小组的讨论获得对产品最直观的理解，当然他们也要把这些感受在后续的 Workshop 中传递给其他同事。

尽管上述小组每个角色有明确的分工，但我们还是希望团队当中的每个成员都具备足够的产品知识以及对用户充分的理解能力。只有这样评价小组对产品细节的讨论才能足够充分，形成的洞察才能更加深刻。

具体评价操作阶段，用户体验评价对于场地和测量工具并没有确定的要求，无非就是评价小组按照场景和任务列表中的要求，逐车探索每个任务的完成途径，并且记录这些途径，以及每个途径涉及的功能组合等。

Step7　完善评级记录和洞察文档

在整个体验评价当中，最为重要的就是评价记录和洞察文档的形成。一方面，我们需要建立规范的评价记录文档，并在评测团队内部设置明确的分工；另一方面，我们也需要更多设备把整个评价过程全面、多角度地拍摄记录下来，以便大家事后查阅相关信息。

这里不得不说，目前的用户体验评价工作还有很大的"自由探索空间"存在，这主要是由于不同产品在响应同一组用户任务的时候，往往提供了多种不同的解决方案。因此体验评价团队需要探索并记录各种可能的途径。当然这也给记录和后续整理工作带来很大挑战，但我们认为至少在变革过程中，这种局面短期是不会改变的。因此 So.Car 的记录文档更多是为记录每项任务的多种实现路径这一前提设计准备的。每项任务的记录表达如第 71 页图所示，每一项用户任务、每一部车都需要完整填写这样一张表单。

在记录过程中，我们还需要针对每个任务的完成情况、每个功能的性能和设计情况形成更加具体的记录。其中也会用到很多概念，相关说明如第 72 页图所示。

Step8　量化结果统计与关键发现总结

如果仅仅服务于产品定义或研发部门，上述表单形成的记录和洞察便足以说明很多问题。但为了服务于更多部门，乃至在车企内部形成更为广泛的共识，我们就必须对每个产品形成一些量化评价结论。尽管我们认为量化结论会损失很多信息，或者误导管理层把注意力集中到得分而非具体问题上。但任何事情都是双刃剑，没有量化结论的评价是无法在企业内部广泛传播的，为了降低风险，我们能做的更多是在打分的同

涉及的用户品牌诉求	Sce_id____	Task_id____		任务是否完成	
				是	否

L1	围绕指标		应有的体验划因子	
			标准体验划因子	其他体验划因子
1				
2				
3				
4				
5				

正：按照完成情况在是/否下填数字1

功能		性能				体验			
涉及的解决方案	交互及场景部件	功能可达性	功能设计的匹配性	完成的步骤数量	完成度	性能总体评价	性能评分	达成的体验划因子	体验总体评价	体验评分	任务完成度（%）
1										
2										
3										
4										
5										
6										
7										

评测和记录说明：围绕用户诉求对涉及功能分别评估

Insights

■ 图示：So.Car 用户体验评价记录表单（示意）

功能	**涉及的解决方案** ❖ 即广义的"配置"	**解决方案的类型（可后续补充）** ❖ 如前述，包含软件、硬件、设计三个不同方面 ❖ 每个配置有不同侧重	**解决方案涉及的交互硬件** ❖ 记录此项的目的与成本有关 ❖ 单个硬件可能通过软件支撑不同的解决方案
性能	**功能可视性** ❖ 解决方案是否可视 ❖ 是否有清晰的指示 ❖ 说明是否容易记忆	**功能设计的直观性** ❖ 解决方案操作是否符合常识 ❖ 操作流程是否直观 ❖ 操作与结果是否匹配	**完成的步骤数** ❖ 通过该解决方案完成功能所需要的操作步骤数 ❖ 记录多或少的程度
	完成度 ❖ 与"解决方案任务"相关的完美完成度 ❖ 性能、如识别率、成功率等	**性能整体评价** ❖ 对解决方案性能的定性评价总结	**性能整体评分** ❖ 按"性能、体验评分标准"填写
体验	**达成的体验因子** ❖ 参考"标准体验因子"进行记录，如其中有未包含的则补充 ❖ 为的是记录体验的方向，配合量化评分的结果	**体验总体评价** ❖ 对解决方案带来的体验进行的定性评价总结	**体验整体评分** ❖ 按"性能、体验标准"填写

| 图示：功能、性能、体验相关概念

时，提供更多关于得分的具体描述和洞察文本。

由于在上述的评测记录表格中，我们已经对很多维度进行了量化打分，在这一步骤当中我们需要做得更多的是使用合理的方式将这些打分汇总起来，用以揭示每部车的用户体验结果。为了将针对用户任务和具体功能形成的评价与整个用户体验的形成过程结合起来，我们需要回到上一章梳理的那个用户体验圆环。在此我们不妨把此前的诸多概念放在同一张图表中展示一下它们之间的逻辑关系，如下图所示。

图的左侧中心位置是用户体验在每次 User Journey 当中的形成过程，圆环周围是站在供给方（车企）以及需求方（用户）角度对应的各种概念。右侧则示例了用户体验圆环的形成过程。

为了能够填满这个圆环的几个主要步骤，我们需要将评测涉及的场景和用户任务以合理的权重放置在合适的位置上。为此我们需要返回到各个场景以及每个场景下的各个任务当中，为这些场景和任务赋权。正如上文提到的，赋权本身是为了降低信息的复杂度，但鲁莽的降维是危险的，因此我们需要尽可能保留更多有效信息。So.Car 的经验是把这些场景和任务按照浅层体验和深层体验两大类别建立两套权重，这样前者可以解释营销问题，后者可以解释产品和品牌的根本问题。

这里需要说明的是，整个体验评价过程，我们能够量化描述的更多是使用和感受两个环节，也就是将每个功能对应的性能按照它们被使用到的场景和任务进行评价结果的得分加总，同时也把每个功能对

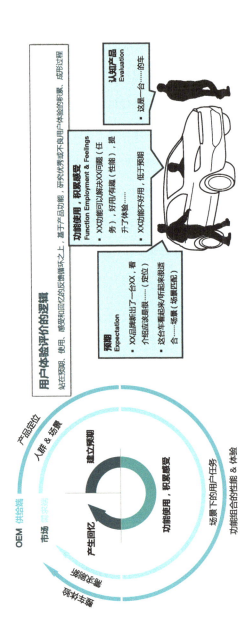

用户体验评价的逻辑
站在预期、感受、使用、感受和回忆之间的反馈循环之上，基于产品功能，研究优秀或不良用户体验的积累，成形过程

预期
Expectation
- XX品牌新出了一台XX，看介绍应该是很……（定位）
- 这台车看起来听起来跟我期合……场景（场景匹配）

功能使用，积累感受
Function Employment & Feelings
- XX功能可以解决XX问题（任务），好用/有趣（性能），提升了体验……
- XX功能不好用，低于预期

认知产品
Evaluation
- 这是一台……的车

OEM（供给端）
产品定位
人群 & 场景
市场（洞察端）
建立预期
产生回忆
功能使用，积累感受
场景下的用户任务
功能组合的性能 & 体验
品牌势能

图示：用户体验周盘及逻辑关系

应的体验进行加总。前者指向使用环节，后者指向感受环节。至于预期环节，更多是通过评价操作前分析每个品牌，每个产品的背景信息，浏览这些产品的官网介绍以及其他宣传资料获得的，也就是记录这些产品试图为用户建立的预期有哪些。这个节点的描述只能是定性的，而非定量的。

最后，关于回忆环节，它来自于整个评测团队的后期讨论，但是大家必须给出每个观点的详细理由，最后这个理由要在评测团队内部达成共识。回忆环节的评价也是定性而非定量的。

针对整个用户体验圆环，我们需要分析影响每一步骤的关键信息，并梳理成与体验形成过相关的主要发现，具体展示如第 76 页图所示。

在量化处理中，尽管我们不完全赞同加权平均的计分方式，但为了信息传递效率更高，我们也会使用如第 77 页图的方式对各项任务被完成的情况进行汇总。

Step9　团队整体的研讨与结论输出

评价最终还是为了应用服务的，尽管不同目的的评价需要解决的具体问题，涉及的人员以及操作的模式有所不同，但都需要在团队内部进行充分的讨论，并达成共识。作为用户体验评价的最后一个步骤，组织相关部门和管理层进行 Workshop，全面介绍评价结论，讨论争议问题，梳理自身的行动策略都是必不可少的工作。有时候在体验评价小组完成具体评价以后，为了向管理层更清晰、准确地传达结论，除

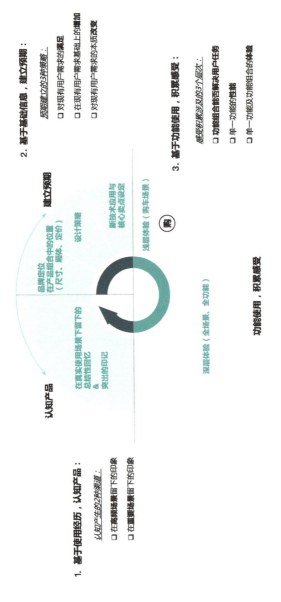

2. 基于基础信息，建立预期：

预期建立的3种依据：
- □ 对现有用户需求的满足
- □ 在现有用户需求基础上的增加
- □ 对现有用户需求的本质改变

建立预期

品牌定位
在产品组合中的位置
（尺寸、颜体、定价）

设计预期

新技术应用与
核心卖点设定

浅层体验（购车场景）

认知产品

在真实使用场景下留下的
总结性回忆
&
突出的印象

3. 基于功能使用，积累感受：

感受积累涉及的3个层次：
- □ 功能组合能否解决用户任务
- □ 单一功能的性能
- □ 单一功能及功能组合的体验

深层体验（全场景、全功能）

功能使用，积累感受

1. 基于使用经历，认知产品：

认知产生的2种通道：
- □ 在高频场景下的印象
- □ 在重要场景下的印象

图示：用户体验评价的内容

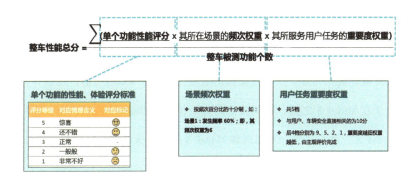

图示：汇总计算方式

了各种 PPT 汇报文档以外，剪辑各种视频文件，甚至设计一个新的体验主线，邀请管理层一起参与实车评价和研讨也都是非常有效的工作方式。

用户体验评价的案例展示

上一节我们全面介绍了体验评价的操作步骤，为了能让大家更清晰地理解用户体验评价的更多内容，我们不妨给大家展示一个体验评价的案例，当然这个案例主要还是指向评价发现。

既然前文提到导致现有汽车行业价值体系局部崩塌的直接原因来自特斯拉，我们就以特斯拉销量最好的 Model 3 为例，站在用户体验视角上审视这部车的独特之处。

首先，在预期管理方面，我们先从这款车的产品定位、价格区间以及设计策略角度，反推特斯拉的战略诉求以及 Model 3 的产品使命。由于在 Model 3 之前，特斯拉已经先后推出过 Roadster、Model S 以及 Model X 三款量产车，要想理解 Model 3 的战略诉求和产品使命，就必须理解先前这几款车的战术策略以及市场表现。

回顾特斯拉的发展史，我们大致可以梳理出以下线索，Roadster 作为该品牌的首款量产车，更多解决的是品牌宣誓问题：以纯电动跑车的身份亮相，以好莱坞明星为典型用户，在他们炫富的同时，赋予他们足够的社会责任感。但这款车并不是一个求量的车型，更多是向市场宣告一个新的汽车品牌就此诞生了。其是以解决能源问题和环境问题为己任的，但又不是以抑制欲望为代价的一个品牌。在 Roadster 以后，特斯拉顺势推出了 Model S，是一款高性能五座轿跑车。它延续了 Roadster 的高性能基因，同时增强了实用性（提供五个标准座位），但最为关键的是从这款车开始，特斯拉给自己赋予了智能化和无人驾驶引领者的标签。在这款车上特斯拉建立了很多自己独有的标准，包括中控台上那块集成几乎所有交互功能的大屏幕以及大屏幕背后的操作系统，OTA、ADAS 架构、域控制架构等。同时 Model S 的价格也更加友好，使其不再停留在少数好莱坞明星这一群体当中。大概是由于特斯拉出身于硅谷，也带有浓厚的智能化标签，这款车成为全球互联网公司高管们的必备装备，几乎人手一辆。反过来这又进一步强化了特斯拉作为新物种的冲击力。当然依然受制于这款车高达 70 万人民币以上的起售价格，它不会成为大幅走量的爆款，其依旧在强化特斯拉的品牌标签。此后推出的 Model X 则是一款更加面向高端家庭需求的 SUV 产品，提供五座、六座和七座多个版本。这部车除了尺寸更大、续航更长以外，相比 Model S 最大的区别就是增加了鸥翼车门以及超大尺寸的前挡风玻璃，让用户在车内的空间体验有了质的飞跃。当然，由于空间更大，Model X 的价格比 Model S 更高，对应的销量也就难以形成突破。本质上前面提到的三款车都是在帮助特斯拉逐步宣告、完善并强化品牌站位。

有了上述背景，我们便可以更加清晰地理解 Model 3 的产品使命以及为了达成这些使命他们采取的设计策略了。在产品使命层面，特斯拉期待 Model 3 成为自己第一款真正意义上的爆款，同时它又必须还是特斯拉该有的样子，这样前面几款车建立起来的品牌地位才能更加稳固。当然为了成为爆款，Model 3 的定价必须比此前的产品低很多，需要进入 BMW 3 所在的市场才能真正形成销量突破。事实上，Model 3 也是这样操作的，它的入门价格只有此前产品的 1/2 不到，但产品的设计策略上有尽量保持特斯拉的各种基因。包括高度集成的中控大屏，大屏背后的操作系统；强大的 ADAS 能力，轿跑的外观和性能；EV 当中最强的三电能力；还有 Model X 那块巨大的挡风玻璃……从这些操作看，Model 3 希望向用户传递的信息就是，尽管这款车的定价只有 Model X 的 1/3

左右，但它依然是一辆原汁原味，并且依然在快速进步的特斯拉。回顾上面这些分析，其实我想不到传递哪种预期还能比现在这样对于特斯拉更加有利。

在明确特斯拉试图给用户建立的预期，以及他们传递这种预期的产品表达方式以后，我们再来梳理 Model 3 在实际体验评价中的主要发现。针对购车环节相关的浅层体验任务，Model 3 试图传递的所有信息都非常聚焦、明确，用户甚至不用到店看车就能直接感受到它就是一台原汁原味但又便宜了很多的特斯拉。针对长期使用过程的深层体验任务，Model 3 的很多操作方式、性能感受都与此前的特斯拉高度一致。或者说 Model 3 继承了特斯拉自己定义的一组使用习惯，包括蓝牙解锁车门，开门自动上电，不需点火即可挂挡走人，座椅自动迎宾送宾，没有 Auto hold、EPB 按钮，下车开门自动断电等，这些动作都比操作其他车辆简单很多，车主很容易被特斯拉训练养成新的用车习惯。这也是我们看到今天很多特斯拉车主不愿意退回到传统汽车的原因所在。基于对多项任务的测试，我们将 Model 3 的整个体验评价发现整理如下。正是由于在浅层或者深层体验中，特斯拉都能向用户传递非常明确的预期或者体验信号，用户对这款车的回忆也非常一致：这就是一个新物种，它极有可能会颠覆传统汽车行业。至少特斯拉的早期用户和资本市场正在这么看。

预期与功能满足：
☑ 对实现有用户需求的满足
☑ 在实现有用户需求上基础上的增加
☑ 在知有用户需求上基础上的增加
☑ 对知有用户需求的负面改变

品牌： Tesla是汽车行业划时代的颠覆者，始终以高举高打的姿态不断在汽车市场制造"大动作"

价位： 严格控制成本，Model 3的目标价格达到（Model X）1/3左右的水平，是最便宜的特斯拉

设计： "极简"内外饰，其中内饰对现有硬件架构进行了完全的颠覆

感知品质： 改善前部产品的缺陷（PQ、NVH等），但做工工艺依然然逊优

关键功能用户验证/痛点解决：
❖ Autopilot：彻底改变到道路的驾驶体验，感受未来
❖ 超强直线加速能力：为50万以内的用户提供超跑路体验
❖ 长续航里程与超乏略续航：解决电动车用户的里程和充电焦虑感
❖ 全景玻璃车顶：所有乘客都有升舱般的视野
❖ 15英寸内饰大屏：全新交互方式，更加智能

浅层体验：
❖ 屏幕的视觉效果、操作性能（如定位感）、UI/UX设计，非常接近手果设备，感觉很好用
❖ 加速度、Autopilot 都是这个价格不曾有过的优异体验
❖ 整体非常强劲的加速体感让你感到未来感强烈却的好感度，同时对另有一些"恐惧"，对于老司机来说首开很而而言开始对比能感型
❖ 优异的功能性能够确保了浅层体验较高的易用性

特斯拉 Model 3

回忆产生的通道
☑ 在高频场景留下的印象
☑ 在重要场景留下的印象

预期中"创新未来"的体验因子很好地达成，使用后还增加了"好玩有趣"的体验因子 ☑
程度、标准、大部分功能满足预期 ☑ 少数功能性能不达标 ✗

在真实使用场景下留下的总体性回忆 & 突出的印记：
❖ 走近时代唤醒你的一款高科技电动车
❖ Tesla还是Tesla，虽然贵了很多，但这有的功能和体验都保留了，甚至续航里程更长，加速更流畅了，造车水准也有进步
❖ Autopilot、操作简单、性能在90%对拥到路线没有问题，存在安全隐患，但用了就回不去
❖ 常用功能的"极简"主义、改变了用车习惯，用了就回不去
❖ 交互式产品手册+OTA版本更新说明、解决了"功能会用"的痛点 ☑
❖ 同价位感很住的电动车 ☑

深层体验：
❖ 几乎没有花哨的功能，所有的功能创新和设计创新都是为了解决大与日常驾驶（高频场景）和安全社大包括财产安全（重要场景）的根本问题，同时交互式产品手册们最更新说明大幅提升了功能使用用率和易用性
❖ 花哨的功能以形图形式出现，服务于低频的新场景（如停车场景），提升了乐趣，彩重软件质区分渐
❖ 常用功能的设计得"极简"，在效果一样的前提下大大降低了操作步骤：在高频场景中改变了很多传统用车建立的习惯，用了就回不去
❖ 功能相同的情况下，通过设计和软件的能力提升，实现了硬件的减少和精减，提升了创新感
❖ 少数功能的性能够为峰客集成度存在严重问题（如自动雨刷），但全车OTA的行李能进一步提升性能
❖ "极简"和"创新"带来了一些负面性能，主要出现在"首次用车的学习"场景 ✗

图示： Model 3 体验评价发现

第四章

/

基于用户体验评价，迭代产品定义方法论

章节导语:

　　产品竞争力评价与产品定义是同一套逻辑面向两个不同方向的应用过程。在上一章我们形成一套有效的用户体验评价工具后，本章我们将继续探讨如何应用这一工具迭代产品定义以及整个产品战略管理系统。

　　对于车企而言，产品定义和产品诞生过程是整个行业模式的根基。由于过去近百年来这一领域已经被原有的惯性系统深度影响，因此我们必须针对主要问题做出改进。本章我们将用户体验评价和管理模型嵌入产品定义流程当中，让产品定义工作既可适应当下的流程，又可充分贯彻用户体验管理的各种要求。

上一章节，我们介绍了用户体验评价的具体操作方法。基于这套方法我们不仅可以看清每项产品功能，每个独特设计如何在用户体验的形成过程中发挥价值，也可以对每部车整体的体验结果进行更具体以及量化的评价。使用这套方法，我们可以建立更容易与真实用户达成共识的、面向变革周期的产品价值评估标准。那么反过来，因循这套标准，我们亦可开展产品策划或者产品定义工作。

当然，使用上述新的、基于用户体验评价的方法开展产品定义工作，就意味着我们需要对原有的定义工具进行迭代，形成一套能够从原有体系向变革体系过渡的新体系。事实上我本人以及 So.Car 的创始团队在过去 12 年来一直从事研究产品战略管理以及产品定义方法论，并为车企输出产品定义咨询服务的工作。尽管过去 12 年来我们一直在推动这一工具体系的更新迭代，但显然这次迭代的幅度更大，需要更新的概念更多，对车企整个价值创造系统的影响也更大。从 2019 年开始，So.Car 逐步将这一新的体系固化下来，并且整理成为产品定义的所谓七步成诗法。

当然在这套方法背后，还有我们为每个关键步骤准备的数据支持系统以及知识管理系统。本章我们将重点介绍这一方法体系的形成过程、我们在过去 12 年来的迭代路径，以及这套方法本身。

产品战略与产品定义

在介绍产品定义的方法论以及这些方法论的迭代路径之前，我们需要首先明确产品定义的目标、输出内容以及单个车型产品定义在车企整个战略体系中的位置。

我们首先看产品定义在整个战略系统中的位置和作用。为此，我们还是继续引用第一章中使用过的一张图表。如下图所示，在这张图中单个产品的定义活动属于产品滚动计划的一部分，相当于产品战略最终的执行层。而在这个系统的最上层，车企需要首先明确自己当前所处的位置，并且明确自己的品牌愿景以及战略发展目标。为了让这个目标能够有效达成，车企必须先要使用一组确切的语言准确描述这些目标，然后再通过与这组语言匹配的特征管理体系，将品牌现状以及品牌愿景用这组特征体系描述出来，只有这样才能在实现目标的过程中准确跟踪和管理目标的实施过程，并及时发现偏差。这一过程我们称之为品牌足迹管理。

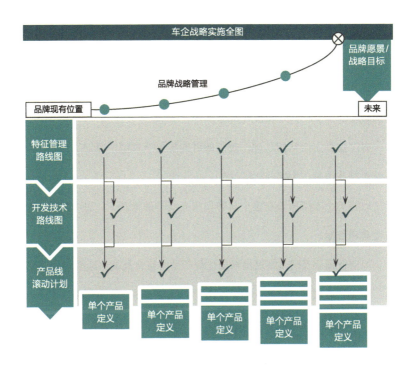

图示：车企战略实施全图

　　为了支撑品牌目标与关键特征的达成，车企必须在技术底层建立与之匹配的充分支撑，于是车企的开发技术路线就必须与品牌足迹管理相匹配。为了将技术路线图转化为能够影响市场，改变用户认知的具体特征，这些技术路线就必须与产品滚动计划结合起来。当然这种结合就要落地到一个个单一车型的产品定义、开发和投放当中。

总结起来，我们可以把车企战略目标以及品牌愿景的达成过程最终分解到一个个单一产品的定义过程当中，让品牌足迹管理、技术开发路线管理与产品滚动计划相互协同起来。这样品牌愿景的达成过程就是一部部新车的定义、研发和投放过程。

有了这样一个认知基础，我们即可理解单个车型产品定义的目标应该涵盖哪些内容，为哪些部门服务：

1. 将单个车型放置在整个品牌和产品战略的背景下，思考目标车型的使命和目标。

2. 向管理层及研发系统清晰描述新产品的使命及战术选择。

3. 向管理层提供新产品的目标用户、竞争关系与竞争策略、上市时间、目标价格、预期销量、成本投资以及预期收益等关键信息。

4. 向研发系统准确描述新产品的开发目标以及这款车的关键特征（主要面貌）。

5. 向营销系统描述这款车的主要卖点和竞争策略。

6. 让整个系统对新产品达成共识。

为了获得上述这些目标并且在团队内部达成共识，产品定义必须基于一组特定的方法和工具，并且不断结合车企自身的战略和特殊文化，同时还要结合市场本身的发展趋势不断演化，这套系统才能真正发挥作用并且具备竞争力。

延伸话题：

　　事实上，在中国市场的起步阶段，也就是 2010 年之前，绝大多数车企的产品定义部门都缺乏产品组合的整体思考，尽管他们了解产品组合这一概念。这与中国车市本身的发展经历有关：我们是后发市场，并且用了十年左右的时间快速走完了其他市场大半个世纪的发展历程。这导致我们多数人的思维还没有充分转化的时候，大多数品牌已经走完了从一两个车型发展成为一个完整产品组合的过程。但反过来，每个产品在规划和定义阶段并没有完整的基于整体战略诉求的思考，更多是基于各车型所在细分市场竞争格局的思考，最终大多数车企的产品组合构建全都失效了。本质上这是当年那种"多生孩子好打架"思维的失败。也正因有了这段经历，我们才更加清楚地意识到明确每个车型的产品使命对于产品战略管理和产品定义的重要性。

原惯性系统下的产品战略管理框架

前文我们提到，由于过去大半个世纪以来，汽车产品的内涵一直是相对稳定的，车企在持续的竞争和产品迭代管理中逐渐将这一相对稳定的内涵指标化，并且围绕这组指标形成了一套惯性系统。那么在原有惯性系统之下，成熟车企大致的产品战略管理架构如何呢？尽管每家车企的具体分工、流程以及使用工具各有不同，但他们背后的基本逻辑是相似的。

步骤一：明确清晰的品牌战略

明确自身能够给市场带来的独特价值是产品战略和品牌战略思考的第一步。价值定位是整个商业模式的源头。目前市场中存在上百个汽车品牌，1000 余个在售车型，20000 余个产品型号。然而用户买车时通常只会同时考虑 3~5 个车型，若要进入用户视野必须拥有过人之处。

通常在产品战略在对接品牌战略过程中，需要思考的问题包括：

1. 核心价值：找到本品牌能够给用户带来的独特价值是什么。

2. 价值兑现：用什么样的技术去支撑品牌定位，定义在什么样的溢价水平。

3. 品牌 DNA：如何建立用户认知、品牌故事以及固化的家族元素。

步骤二：基于品牌战略，形成产品组合计划

因为品牌战略必须要有与之匹配的产品战略进行支撑。通常这一产品组合规划需要描述未来 5~10 年的战略设想。

通常产品组合计划的内容框架如下：

1. 所谓产品组合计划就是需要预测中长期汽车企业需要进入哪些细分市场，做几个车型，这些车型的使命和目标是什么？推出的节奏如何？

2. 确定产品组合计划首先需要完成对外部市场的分析和预测：判断未来的市场趋势以及各细分市场的吸引力（建立市场细分标准和产品字典）。

3. 同时还需要从企业内部评估进入每个细分市场的门槛、机会以及必要性等问题。

4. 结合市场外部吸引力和内部竞争力（含必要性）两大维度，可以形成目标细分市场的重要性排序。

5. 结合企业研发能力、动力总成以及其他前瞻技术储备、产能储备等，可以定义产品研发、投放节奏计划。

步骤三：基于产品组合规划，形成每个产品的产品创意，确定这些产品的平台关系

这一部分的内容框架包括：

1. 针对产品组合规划，梳理每个产品的使命、目标、细分市场归属和平台归属。

2. 产品基本概念的形成：尺寸、性能指标、造型、DNA、平台和创新要求。

3. 进行单个车型的预可研：量价预测、利润和市场份额预测。

4. 与前瞻技术开发进行匹配。

步骤四：形成规范的 Cycle Plan，即滚动计划

这一滚动计划通常每年或者每半年更新一次数据，将整体目标分解至各个车型以及每一个产品动作上。

Cycle Plan 的内容通常包括：

1. Cycle Plan 需要定义每款车的投产时间计划。

2. Cycle Plan 更加重要的是为每款车型匹配相应的资金、研发能力资源、产能资源，并预测各车型所能带来的收益。

3. 需要形成动力总成等关键模块的 Cycle Plan。例如动力总成的 Cycle Plan 需要考虑排放法规等因素的影响，并于整车之前至少 3 个月 SOP。

以上内容为产品战略整体的思考框架。接下来这一部分则是具体至每一个车型的产品策划框架：

步骤一：确认产品项目的前提条件，通常包括

1. 基于产品组合规划输入项目关键目标（所属细分市场、SOP 时间、预期量价等）。

2. 已知的技术储备（全面梳理新产品的已知部分和未知部分，已知部分是开发前提或约束条件）。

3. 研究法规对新产品的限制。

4. 确定新车型可能搭载的创新技术。

步骤二：进行产品定义工作，即形成产品特征目录

1. 产品定义的核心是确认已知部分，并定义未知部分如何做。

2. 定义新产品的卖点。

3. 定义整车性能指标以及工程指标。

步骤三：进行项目可行性研究，围绕项目方案进行跨专业分析，将产品定义结论分解至具体的执行方案

这部分工作需要组织跨专业团队开展多轮次分析，不断接近最终目标。

常规的研究内容包括以下几个部分：

1. 产品销售方案；

2. 研发方案；

3. 制造方案；

4. 采购方案；

5. 质量方案；

6. 成本方案；

7. 项目经济性分析。

应当说上述内容构成了一个汽车企业标准的产品战略思考框架。需要进一步说明的是，产品战略管理的核心价值在于将远期目标分解至可执行、可测量、可检验的具体行动。并且通过 Cycle Plan 持续跟踪和修正这些目标，这才能确保汽车企业的战略具有稳定性，将执行偏差降至最低。否则各种中长期战略规划就会成为儿戏。回顾中国汽车近 20 年的历史，这些看上去并不复杂的道理，却很少有几个品牌能够完美贯彻。事实上我们看到很多车企、很多品牌几乎每隔三五年就要进行一轮巨大的战略调整，最终距离第一梯队越来越远。

原惯性系统下的产品定义操作方法

在上述产品战略管理的框架之下，单个车型的产品定义目标实际上已经是非常明确的了，其中最为关键的一环就是准确定义新产品的开发目标，满足产品使命的各项要求，而且要让大家通过开发目标对新产品的面貌、特征形成准确的理解和共识。只不过在形成产品开发目标的过程中需要同时平衡市场与用户、产品与品牌战略、自身资源、技术与成本等多个方面。为了达成这种平衡，我们需要使用一组恰当的工具，并且为这个工具输入准确的各类信息。

在过去多年的实践中，质量功能展开（QFD）是解决上述问题的最佳途径，这一方法的核心是如下图所示的 What-How 矩阵。本质上它是一个将用户语言翻译成产品语言的转化工具，当然在转化过程中它也融合了竞争、技术成本等多项因素。大家很容易随即找到介绍这一方法的相关书籍或者网页，在这里我们就不再赘述了。

需要说明的是，对于汽车行业而言，之所以需要上述语言转化，是

产品语言

- 主机厂定义产品需要系统的、完整的、准确的产品描述
- 来自用户的产品要求需要经过转化方可为产品定义服务
- 本项目需要将用户语言转化为技术语言输入到产品定义中，并筛选出 USP……

电器　人机工程　座椅　车门
动力总成　保险杠　轮胎

What–How 矩阵

产品功能项拆分
（根据整车特征目录结构进行拆解）

专家测试评分
（竞品评价）

What–How 矩阵

重要性排序　定义 USP 与入类目标

产品研讨会议

发现用户需求
（定量问卷、VOC 访谈）

用户语言

- 用户对产品不专业，关注内容不全面，并存在认知误区
- 因此，用户对产品需求的表达是离散的、片面的、不准确并且含糊的
- 简单的市场调研不能完成产品定义

安全　好用　大灯闪亮快外观动感
良好的视野　看着舒服　视野良好看起来大气
教育功能可以　外形酷　动力快
制冷快　制冷太慢

图示：What–How 矩阵

因为汽车产品本身的复杂性。这会导致用户语言在很大程度上是不专业的、内容不完整的、离散的、片面的、模糊的，以及前后矛盾的。然而定义一款新车，我们需要系统的、完整的、准确的产品描述。这意味着简单的市场调研、用户访谈等方式不可能直接服务于产品定义工作，更不可能直接把开发目标的决定权简单地交给普通用户。

为了完成这种转换，我们需要设计一组符合汽车行业特殊性，更加精巧和高效的市场调研模式。为此我们首先需要组建一支跨职能团队，该团队由市场部、研发中心及其他各相关职能版块组成，按产品开发过程中的职能分工，共同参与整个调研活动。这些调研活动既包括对目标用户的走访，也包括对现有竞品的评测。通过调研让跨职能团队能够理解用户是谁，他们面临的使用环境如何，他们都有哪些产品可选，以及用户对各竞品的评价如何等。

在用户访谈过程中，除了了解这些用户的基本特征等信息外，我们更应了解用户对现有车辆的感受和评价。显然受制于车辆本身的复杂性，脱离汽车使用环境的访谈很难获得准确信息。比如当用户想说一个设计本身的优劣时，用户的语言表达能力往往很难把问题解释清楚，但到了用户自己的车上情况就完全不同了。因此在过去的项目中，我们往往会由跨职能团队组建若干小组，以小组的形式深入用户使用环境当中，往往是在用户的车上完成大部分的访谈过程，我们称之为实境访谈。

在执行实境访谈的过程中，同样需要很多技巧获取和理解用户真实的需求有哪些，通常整理用户需求的逻辑可能包含以下四类：

消费者对产品的核心需求

消费者直接表达出的抱怨	消费者感受到的产品亮点	消费者直接提出的产品畅想	访谈中感受到的消费者需求
• 抱怨意味着可被消费者直观感受到的不满 • 如果当前产品普遍存在类似问题，改进这一问题可以提升用户满意度 • 例如低配车型使用织物面料的门内板，其耐污性无法满足用户要求	• 消费者直接表达出的满意因素意味着一方面用户可以感受到相关的产品利益，另一方面这种产品设计是成功的 • 如果竞品中同类的设计不多，学习或借鉴这种设计可以提升产品满意度	• 消费者在访谈中直接提出某种产品改进的畅想 • 试图探求消费者提出此类畅想背后的原因，通过归零思考给出满足消费者本质需求的产品方案，但不一定是消费者直接给出的方案	• 消费者没有提及，但通过洞察消费者的用车习惯，我们可以感受到潜在需求 • 例如汽车说明书问题，用户普遍不看说明书，但不是不需要说明书，只是说明书的可读性太差

图示：整理用户需求的逻辑

基于上述四类推导逻辑，可以更加准确地发现典型用户的需求所在。接下来需要完善的就是确认这种需求的普遍性以及改进方向。但是，随着实境访谈经验的积累，我们越来越感觉到这类访谈在不同项目当中同质化的倾向越来越严重，也就是说每次实境访谈我们得到的新的发现越来越少。当然这是一个必然现象，这种现象也是推动我们方法论创新的动力所在。

同时，实境访谈构建的平台毕竟只能容纳 4 个人对用户进行观察，为了让这个平台更广，我们还需要将实境访谈的发现准确生动地分享给其他的项目组成员。这就需要我们有更完善的成果转化、表达的手段。尽管我们非常注重日志、笔录、视频、音频内容的整理，但这些内容在分享过程中的信息流失问题依然严重。

当然，尽管上述访谈存在诸多问题，它对于我们真正理解汽车用户还是起到了非常重要的基础作用。同时也帮助我们对 What-How 矩阵的另一维度，即基于特征目录的指标体系有了更多认识。在整理访谈结果的过程中，适用于中国市场的特征指标也在不断增加。结合用户提到的很多需求，我们也确实给车企提供了很多功能创新的解决方案建议。

到了 2013 年前后，随着连续 5 年 20 个左右实际项目的经验积累，我们掌握的基于用户视角的产品评价指标越来越完整。完全依赖实境访谈理解用户已经越来越难以支撑产品定义研究项目的实际需求了。我们开始尝试将这些用户组织在一起，同时也把目标市场的典型产品聚集起来，让这些用户对自己的车以及各个竞品车开展相应的动静态体验。与实境访谈不同的是，组织用户进行交叉对比评价的目的不再集中于获取用户评价产品的指标，而是在一组相对固定的指标系统中，理解每部车的具体表现，以便我们能够更加精准地定义目标车型在这些指标上的开发目标（做到什么程度）。

通过上述针对用户和细分市场典型产品的交叉对比评价，我们可以观测到每个被访者对每个具体产品实例的满意度评价。如果深入分析这些数据，我们可以获得大量深刻洞察：

1. 分析所有被访者对于每个产品各个评价指标的平均值，可以给出各个产品在各指标上主观竞争力评价的准确排序。

2. 分析不同被访者针对同一产品、同一指标竞争力评价的分歧程度，可以获得目标消费者针对各个指标评价标准的共识水平，即识别度。

3.分析每个指标客观产品性能参数、技术模式与被访者主观评价的对应关系，可以分析被访者对产品评价的具体标准或审美偏好。

4.分析本品用户与竞品用户对同一个车的评价，研究浅层体验指标与深度体验指标的评价差异。

5.如果结合指标关注度调研，可以通过关注度与识别度的分析，为指标开发目标定义提供输入。

相比普通定量调研，上述方式获得的数据质量更高，能够支撑展开的维度更多，也更容易直接与项目输出物匹配起来。同时对比实境访谈，这种方式执行效率更高，更容易获得用户对具体每个指标的准确信息（即用户对每个指标具体要求的问题），而实境访谈重点还是在于采集用户对指标本身的认知（即用户从哪些角度描述一款车的问题）。

当然任何一种基于用户的调研方法都有其局限性，主观评测受消费者认知能力、评测时长、评测场地等条件的影响，很多内容仍无法被准确测量。例如场地试驾无法了解车辆在极端天气情况下的使用感受，也无法模拟车辆在长期使用后的质量稳定性或交通事故中的安全性，这些都需要其他手段补充。

为了进一步解析用户在交叉对比评价中给出各项满意度评分的内涵，我们在处理数据时又引入了产品客观参数／性能／技术模式对标这个维度。这相当于是通过一把带量纲的尺子，客观测量产品自身的情况。

与主观评价了解消费者认为产品怎么样不同，客观评价获得的是产品是什么的答案。将来自用户主观认识的满意度评价与产品客观参数组合起来，可以让定义结果更加具体化。例如下图所示的后排头部空间，经过上述评价与测量我们可以建议新产品的同一指标必须达到某一个数字，但也不必超过某一个数字。

综合上述各种类型的调研以及实车测量发现，我们需要组织跨职能团队形成 What-How 矩阵，并基于这一矩阵开展大量 Workshop，一同确定基于市场、用户和竞争层面的产品要求，进而结合产品使命、品牌定位等维度，形成来自市场领域的新产品开发目标。

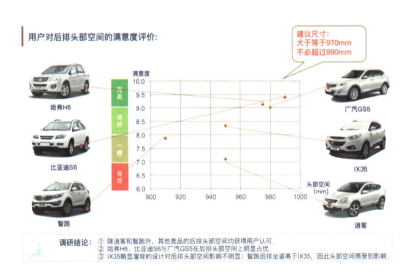

图示：用户对后排头部空间的满意度评价

在完成各层级指标定义工作后，需要展示最终结果。产品定义报告中需要包含以下几方面内容：

1. 指标及指标所属。

2. 用户要求：目标用户对该指标的基本需求、判断标准。

3. 用户相关性：用户对该指标关注度与辨识度的乘积。

4. BIC 竞品：目前该细分市场中表现最好的竞品是谁。

5. 目标位置：该指标的开发目标。

6. 细项指标满意度：该指标下辖评测点的用户满意度，即各竞品的评价得分。

上述内容的表达如下图所示。

图示：产品定义报告包含内容

不仅如此，在类似产品定义调研当中，我们还会针对产品的造型风格与造型元素、新产品的配置组合等问题展开很多有针对性的调研活动。这里我们就不详细介绍了，总之在当时的市场研究环境下，我们会尽可能地围绕产品特征目录理解用户需求，然后再转化到特征目录的开发目标当中，同时匹配造型与配置组合的方案建议。

显然，无论我们如何试图在调研中发现一些创新机会，本质上，上述方法还是有强烈对标导向的，特征目录与配置表是这个对标体系两个最为重要的基础。整个项目无非就是确定新产品在这两张表对应的字段上，沿着惯性系统向前跑多远的问题。而且毕竟来自市场的输入是整个产品定义链条上最重要的一个输入，如果这里无法突破惯性系统，到了后续组织严密的研发系统就更难突破这一系统了。

最后，沿着过去12年的经验总结下来，很多关于未来产品定义的消费者需求调研，无论你如何让程序变得正确，包括选择恰当的被访者，抽取足够数量并且结构合理的样本，严格规范执行过程，不断优化问卷或者询问方式，最终得到的答案依然与市场事实相去甚远。尤其在用户对各项指标的关注程度以及对各项配置的需求程度这两个最为关键的问题上。对于这个问题，我们认为一方面是由于用户在接受调研时的语境、思考逻辑、决策责任与实际汽车消费阶段完全不同。比如用户在买车阶段他们能够对比的车辆是有限的，每个车在每个指标上的表现也是相对明确的，于是用户对各指标的关注并不是这些指标的绝对排名，而是他能够看到的各车型在这些指标上的边际效用。另一方面，简单的询问很难让用户在一组矛盾指标上给出恰当的自己真实所需的平衡。比如当我们问用户是否喜欢溜背设计时，就必须提醒用户这会牺牲一定的后排空间，但这个描述语言的拿捏本身就是一个问题，稍有理解偏差都会影响用户给出的答案。这也是为什么我们后续逐渐引入更多数据渠道和数据探索方式，并且将很多直接式用户调研改为基于同理心地图的间接式调研的最主要原因。

原定义模式在用户体验管理上面临的挑战

上一节当中我们介绍的那个惯性系统，本质上是一套基于对标思维建立的产品定义系统。为了定义一款新车，我们可以选择上一代产品作为对标分析的基础，目标竞品作为确定大部分产品特征的对标参照系，来自更高级别细分市场的某些标杆车型作为技术进步的标杆。同时为了描述产品的完备性，以及确保后续研发分工的有效性，我们需要构建一套足以完整描述产品的指标体系。于是指标体系当中的每个指标都是我们描述产品的一个维度，在每个维度上相对竞争对手的产品竞争力就是该维度上的开发目标。因此，我们说这是一个由一组竞争对手或技术标杆车型的产品竞争力描述目标车型开发目标的，自始至终贯彻对标思维的产品定义系统。

然而随着行业变革的不断深入，上述系统本身的局限性也越来越突出：

第一，对标思维最多只能适应改良性创新，无法管理突破式创新过程。因为在整个产品定义过程中，真正串联各个节点的输入、输出文件均是相对固定的指标体系（特征目录及配置表）。大家很难做到彻底地归零思考，或者寻求真正意义上完全重构的解决方案。往往是站在最大限度系统沿用性的前提下，站在对标角度梳理开发目标。

第二，原有惯性系统对应的价值空间被打破了，新增加的价值维度又与其他维度存在多重交叠，这要求目标管理不能仅仅建立在对原有指标系统修修补补的基础之上。比如信息与通信这个指标，在 2010 年之前更多指的是仪表、其他显示系统、车载通信系统等方面的相关属性。此后这一指标逐步被多数厂家更名为信息、娱乐与移动互联性。这主要指向车载娱乐系统越来越复杂，同时一部分车辆开始安装 3G/4G 联网设备，比如 On Star 等，原有的信息与通信已经不能涵盖这一领域的全部内涵了。然而到了最近几年，很多厂家又把这一指标更名为数字化体验，同时又增加了一个新的指标——AI。这个变化过程告诉我们，指标体系必须能够跟得上产品本身的发展趋势，如果指标不能有效描述产品了（即指标不够完备了），基于这个体系建立的产品定义目标也就不够完整。显然上述指标演化过程中，很多改变都是滞后于技术发展本身的。

第三，产品创新也不再完全遵循原有的普及路径，即新技术首先应用于高端市场，再逐步向低端市场下沉这个过程。随着行业变革深入，很多新技术可能同时应用在多个级别的细分市场中。这种新的普及路径直接挑战原有技术标杆的设定思路。比如当今的联网汽车，它们几乎同时在各个级别的细分市场出现了，这个变化等于让原有对标体系中的部分逻辑失效了，比如很多惯性系统中的目标设定，都是直接参考上一层级细分市场当前产品性能水平定义该细分市场下一代产品水平的。

第四，面向新的市场环境，车企必须以加法思维迎接挑战。但对标式加法不仅会让车企迷失品牌管理的有效方向，也会徒增成本，降低产品收益。这需要引入本书一直倡导的体验思维。

最后，也是最为关键的一条，汽车产品定义正在走向功能定义汽车的全新阶段，从产品实现角度来看，大家越来越突破原有的基础框架，使用更少的硬件，更多的软件，支持更为复杂的功能组合。单纯的对标体系更加无法满足这一转变，我们需要沿着功能定义汽车的思路，重构原有的产品定义工具。

围绕用户体验的形成，重新梳理产品定义体系

一方面，由于原有的惯性系统已经无法支撑产品定义环节对于创新目标的定义，大家需要找到更能激发创新灵感的产品定义探索模式。另

一方面，产品定义系统需要顺利穿越变革周期，让新产品始终能够真正改善用户的实际体验。这就需要把前面章节讲述的体验评价纳入定义系统中，让产品定义活动真正围绕用户体验的形成过程展开。

不仅如此，在变革阶段，车企遇到巨大挑战的实质不仅是产品定义系统，而是整个价值链条。但基于汽车行业产品为王的本质特征，从产品定义入手又确实是改变整个体系的关键。因此我们也需要思考如何以用户体验管理为核心，在改造原有产品定义模式的同时，迭代车企的整个分工组织模式。

为此，我们不妨把与产品战略以及用户体验管理相关的各种概念放置在同一框架内，审视这些概念的内在关联，如下图所示。

图中以用户体验管理的圆环为中心，上半部分对应的是用户需求相关的概念，下半部分是产品实现相关的概念。左侧指向定义过程，右侧指向开发或者产品实现视角。站在用户需求角度，串联所有用户需求的根源就是用户是谁，以及把车辆用在哪些场合，即用户＆场景相关的问题。在用户＆场景确定以后，就是这些场景下具体的用户任务，以及完成这些任务用户期待的体验因子有哪些。站在厂家角度就是产品实现问题，这里的概念需要与需求端匹配才更有意义。首先，战略诉求与各车企的资源禀赋是品牌战略以及产品战略重要的约束条件。从这个约束条件出发，更容易明确每个车型的人群＆场景问题，即目标车型的定位问题。然后，定位明确以后，由于用户任务和体验要求确定了，车企就需

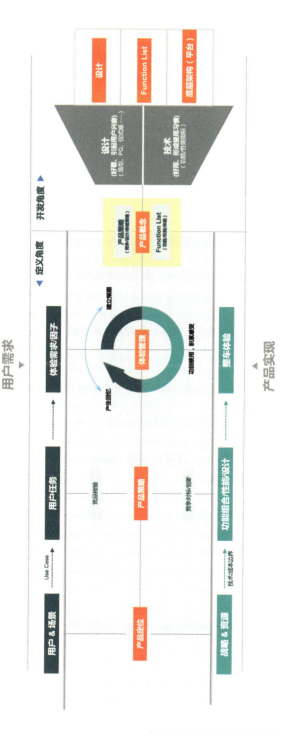

图示：产品战略管理与用户体验管理

要在新产品上提供特定的功能组合、性能以及设计策略来解决这些用户任务。在解决用户任务的过程中，对不同任务响应的程度其实就是产品的竞争策略问题。最后，由于整车体验由一个个功能组合的体验汇集而成，最终与需求端的体验因子对应的是车企在整车层级设定的体验策略 / 体验原则。

于是，在明确产品使命的前提下，整个产品定义过程即可简单地描述为首先确认目标用户以及目标用户使用车辆的场合，即人群 & 场景的问题。有了人群 & 场景，即可确定用户任务，结合品牌战略、产品定位和竞争策略，可以进一步确定用户任务列表的重要性以及完成这些任务需要带给用户的体验原则。有了一组带有排序的用户任务列表，也就可以构建支撑这组用户任务的功能列表、每个功能的性能要求和设计策略，最终确保重要任务可以被顺利解决，以及解决任务的体验与体验原则相符。

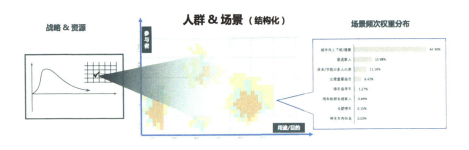

图示：人群 & 场景对应的是产品的市场定位问题

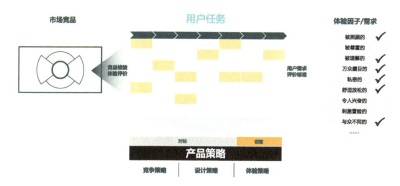

图示：用户任务是检验产品功能体验表现的直接单元，体验因子决定体验塑造标准与方向

当然确定这组任务列表的过程中需要参考竞争对手的解决方案，即对标过程，同时也要寻找更加创新的解决方案，即产品创意。当然，为了能够让同一品牌，不同产品之间的特征保持协同，原有的特征目录依然需要保留，只是我们需要沿着行业变革的主线不断优化指标结构。

于是，上面这个过程实际上就被转化为六张表的匹配问题了，即场景库．用户群、对标库、创意库围绕在以 Function List 和特征目录作为通用化语言的框架中，进行动态匹配。

图示：以 Function List 和特征目录作为链接四大系统的通用化语言（标签），实现四大系统协同

这是一个非常重要的结构化思考，有了这种思考，我们就可以把产品定义活动在不同项目之间打通，形成连续、可积累、可持续迭代的数据系统。如此一来不仅每次产品定义决策的数据分析效率大幅提高，成本大幅降低了，每次定义还可以为下一次定义提供数据积累。

新的架构除了要解决产品定义问题，也要对后续研发问题以及整个用户体验管理问题提供更清晰的逻辑线。首先，我们认为体验管理和体验设计的关键在于把产品的功能、性能和设计沿着用户体验的形成过程，在最关键的场景和任务中有效呈现。在技术层面，最直接影响这些体验形成的就是功能列表，如下图所示。

图示：前瞻功能技术和综合性能要求的融合，形成功能列表

其次，每个功能有连接着这些功能的性能以及呈现方式问题，其又与整车最终达成的体验密切相关。于是 Function List 又是桥接性能定义与体验定义的关键。

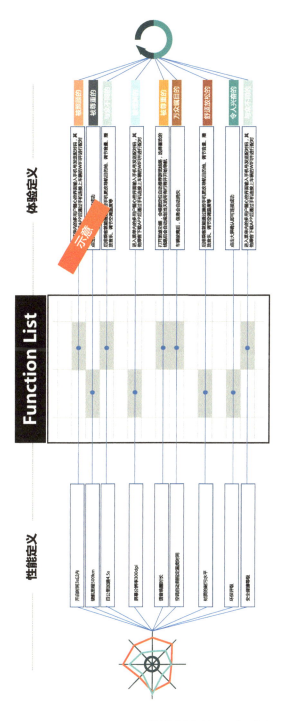

图示：桥接性能定义与体验定义的关键

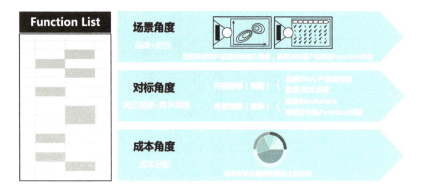

图示：功能列表的决定维度

最后，一部车向用户提供多少功能，哪些功能更重要，主要是由三个维度决定：哪些场景和任务更加重要（产品定位问题）、竞争对手提供了哪些功能（对标问题）以及成本和收益的目标如何（成本约束问题）。

这样，基于对 Function List 的筛选和描述，我们就可以把产品定义与研发问题更紧密地结合起来，让产品定义的输出物更容易在研发组织理解和应用，也让后续针对这些目标的检验变得更加易于操作。

So.Car 产品定义七步法

在重新梳理了上述概念架构以后，我们需要提出一套切实可行的，更加适应行业变革要求，可以更有效串联用户体验管理目标的产品定义体系。So.Car & EFS 在充分总结了过去 12 年产品定义经验和得失的基础上，推出了这样一套新的产品定义解决方案。我们将产品定义过程划分为三个层级、七个主要步骤以及十个核心问题。借助这一方法，我们让产品定义问题至少涵盖以下内容：

1. 首先要思考目标车型在整个企业战略（包含产品战略和品牌战略）当中的位置和作用。

2. 需要充分理解自身企业和品牌的发展历史，当前的口碑积淀以及未来的愿景和目标，理解目标车型与品牌定位之间的逻辑关系。

3. 在完整战略思考的基础上，明确目标车型的使命，即需要通过目标车型达成的各项目标的取舍和排序。

4. 对目标市场的竞争格局和制胜法则有清晰的思考和理解，若是成熟市场，则需找到目标市场最为成功或最具代表性的标杆车型，总结这些车型的经验和教训；若是开创蓝海市场，需要梳理目标市场从诞生至发展的内在逻辑。

5. 找到你的目标用户，目标用户是典型用户而不是所有可能购买的用户，千万不要把所有目标用户的要求简单累加或求平均值，而是认真理解他们的价值诉求，并基于价值诉求思考和设计解决方案。

6. 全面梳理为了发展新产品而拥有或能调集的资源。

7. 回归车型使命的要求，设定关键问题的"议事规则"以及每个关键维度上的目标等级（哪些属于必达目标，哪些属于弹性目标），并用

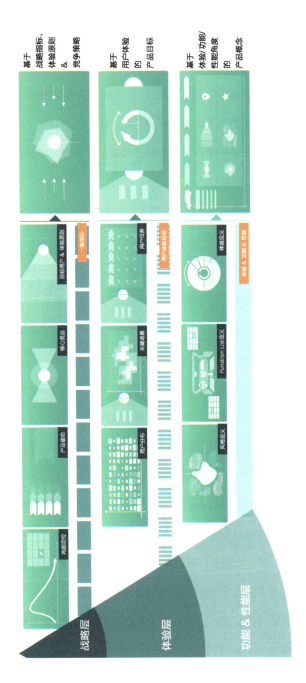

图示：产品定义过程的三个层级

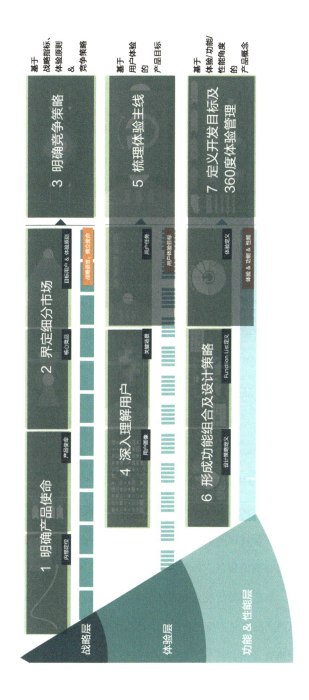

图示：产品定义体系的"七步法"

跨职能团队能够共同理解的语言记录这些目标。

之所以我们把这一过程称为"预定义",是因为我们认为一套标准化的步骤只能解决产品开发目标的初步梳理问题,而不是产品定义的全部。但通过这一方法至少可以帮助车企建立一个相对完整的思维框架,并输出一组较为系统的开发目标。此外,我们始终不认为产品定义过程应该是在短期封闭时间内以项目制方式完成的,而应该是伴随产品诞生过程螺旋式迭代向前推进,很多课题是在探索过程中不断被发现的。这更加需要产品定义工具可以在这个螺旋迭代过程中被反复操作,其可以低成本、高效率管理各种数据和分析模型。这是我们把产品定义过程系统化更加重要的一个原因。这套体系共包含七个主要步骤:

第一步　明确产品使命

梳理目标产品在车企完整战略中的地位和作用,明确项目前提以及新车型需要达成的使命和目标。

这一步骤的关键目标:

在这一步骤中,我们需要构建一个品牌和产品战略的全图,充分理解整体战略目标以及目前品牌的发展阶段。以此为前提,我们更容易看清目标产品应该扮演的角色。如果不考虑边界条件,任何市场目标都是有可能达成的,只是需要的投入或者代价不同。但脱离车企整体战略目标和资源禀赋的产品定义不仅没有意义,反而容易造成品牌塑造的混乱。在理解整个战略背景的前提下,我们需要基于项目前提条件,充分理解管理层对目标车型的期待，最终明确目标车型的产品使命。包括目标车型的销量目标、价格区间、对品牌形象的贡献、对整体研发和生态构建的贡献等。

这一步骤涉及的讨论主题：

1. 车企的战略目标是什么，描述战略目标的关键指标有哪些。

2. 过去 3~5 年车企的发展历史回顾：销量、份额、品牌印象与品牌溢价能力、产品投放以及产品结构图变化。

3. 已覆盖市场的价值排序以及现有产品的实际表现（是否已经充分挖掘现有细分市场潜力，产品生命周期管理是否合理 / 有序等），以及未覆盖市场价值排序。

4. 未来 3 年还有哪些产品的投放计划，预计覆盖哪些市场，计划实现何种销量目标。

5. 车企目前所处梯队和发展历史对其产品组合、明星车型以及品牌定位确立的基本要求。

6. 目标车型在整个产品组合中的位置以及投放次序。

7. 与目标车型相关的还有哪些重大的研发计划，例如新的平台、ADAS、智能座舱、电子架构、动力总成、三电等。

8. 项目关键前提：可选择的平台、动力总成、能源形式以及其他内部资源。

9. 管理层对目标车型的期待：预期目标市场、销量、价格、盈利、开发、品牌形象提升等。

10. 目标车型与其他在研车型（即将上市车型）的位置关系和投放次序、节奏。

11. 结合产品组合与品牌战略的推进过程，目标车型常规的使命定位。

12. 若是换代车型，对现款产品进行诊断，提出针对现款产品的提升目标以及新的产品使命。

第二步　界定细分市场

分析市场环境，锁定进入机会，定义竞争策略。

这一步骤的关键目标：

在这一步骤中，我们重点针对外部市场进行分析，寻找适合目标车型的最佳机会，同时定义与市场机会相匹配的竞争策略。这一步骤最关键的是既要看清市场的现状，更要厘清形成当前市场现状的关键原因。在寻找市场机会的过程中，项目团队需要善于突破现有的市场划分维度，沿着推动市场结构变化的关键线索，预测市场趋势，以及这种趋势可能产生的新的市场结构，从中发现最佳机会。

这一步骤涉及的讨论主题：

1. 按照项目前提（边界条件），与目标车型可能相关的市场有哪些；按照常规市场划分条件（价格、尺寸、Body Type、品牌层级、风格/用途等），圈定研究范围。

2. 指出圈定范围在市场整体中的位置和地位：市场总量、成长性、领导者、市场集中度、涵盖的典型品牌、与之密切相关的其他细分市场等。

3. 研究圈定范围市场的成长历史，推动这一细分市场发展的核心驱动因素，以及这一细分市场用户与全市场在选车逻辑、车辆使用等方面的核心差异有哪些。

4. 研究可能将圈定范围市场进一步细分的有价值维度：更具体的产品风格、更细微的尺寸、厢体形变、动力总成、能源结构、价格等。

5. 研究圈定范围市场内典型的代表车型，分析它们的经验教训以及目标车型可借鉴因素。

6. 研究细分市场再细分后显现出来的典型机会。

7. 若是换代产品开发，则需研究当前产品所在的细分市场以及当前的竞争关系。

8. 结合目标车型的产品使命，研究对于目标车型最佳的市场进入或定位机会，锁定核心竞品、上档／下档竞品以及同级别其他相关竞品。

第三步　明确竞争策略

针对目标车型圈定的细分市场，定义可以达成产品使命的最佳竞争策略。

这一步骤的关键目标：

在这一步骤中，我们首先需要对目标细分市场的结构展开研究，包括竞争车型及车型分类、用户群结构划分等。其次是研究这些分类对目标车型竞争策略的现实意义，包括定义各种维度的标杆车型（每个标杆车型都对应着某种可以直接参考的价值维度）以及各类用户群的价值排序等。最后则是从产品使命和品牌战略出发，定义对于目标车型而言可以达成使命的最佳策略：确定核心目标用户，向这些用户提供核心价值、体验原则以及明确各类参考标杆。

这一步骤涉及的讨论主题：

1. 竞争产品有哪些？这些产品可以按照哪些方式进行分类 / 分组 / 再细分？

2. 不同类别的竞品有哪些鲜明特征？

3. 细分市场内部有哪些值得学习的或者某些维度表现优异的产品？

4. 细分市场中涵盖的用户具有哪些明确特征？还有哪些可能被涵盖进来的用户？

5. 目标市场的用户如何分类？不同类别的用户有哪些典型特征？

6. 不同群体用户在一些主要维度上的价值排序如何？例如规模、成长性、品牌契合度、示范作用、品牌接受度等。

7. 回归产品使命和品牌战略，在目标车型上需要贯彻的体验原则与核心价值有哪些？

8. 结合上述维度，探讨最佳竞争策略，明确目标车型的市场定位：特征目录一级指标（战略性语言）。

第四步　深入理解用户

找到并深入理解你的核心目标用户。

这一步骤的关键目标：

在这一步骤中，我们需要从目标用户角度展开研究。虽然用户视角始终被认为是当下市场营销理论最为关键的一个价值判断维度。但对于汽车市场而言，由于汽车产品本身的复杂度（意味着用户语言往往离散、前后不一致及不够准确），以及这一市场存在上千部在售车型（它们是客观存在的，它们的市场表现也是确定的事实，因此以这些产品为样本，实际上已经反映出绝大部分用户需求了），直接聆听用户的声音对于新产品开发的价值贡献并没有大家通常预期的那么有效。但用户需求又是整个新产品策划和定义的根基，因此我们需要引入更为专业、有效，尤其是真正适用于汽车市场的用户洞察手段完成这一部分。

记住，这一部分的关键：用户的声音不一定都是对的，但用户肯定都没错。有效区分信号和噪声，建立有价值、可执行的洞察才是理解用户的关键。这种可执行的洞察更多指向用户的生活方式以及用车方式，这些对应着典型用车场景、用户任务以及体验要求等。

这一步骤涉及的讨论主题：

1. 圈定范围内细分市场（承接上一步骤）主要用户在整个乘用车市场用户分类中的位置和分布范围。

2. 圈定范围内用户与整个乘用车市场用户在选车逻辑、用车场景和产品评价标准方面的主要差异。

3. 圈定范围内用户的再分类：通常基于价值观、购车预算、用途、阶层、城市层级或其他区域特征等。

4. 研究各类再细分用户的关键差异。

5. 若为换代产品开发，研究现有用户的结构以及这些用户在各类细分群体上的分布。

6. 基于产品使命，选择目标车型的核心目标用户、次级用户以及可辐射群体。

7. 形成核心目标用户（典型用户）的人群画像金字塔。

8. 建立对典型用户的生活方式、价值观以及选车／用车行为的有效洞察：分析用户的梦想、现实、焦虑、取舍等存在矛盾的诉求。

9. 找到汽车产品可能打动典型用户的关键场景以及用户在这些场景中最期待完成的用户任务。

第五步　梳理体验主线

综合目标用户生活方式与用车方式的洞察，梳理赢得用户的关键场景以及核心的用户任务，形成目标车型的体验主线。

这一步骤的关键目标：

这一步骤首先是对前面四个步骤的总结与关联，通过总结，我们需要分别从四个关键维度（企业战略、内部资源约束、市场和竞争、用户的期待）梳理对目标车型的机会和要求。更进一步，我们需要通过这一步骤找到超越这四个维度的突破机会。通过建立一组全新的价值主张，我们需要新产品在最大限度同时满足上述四个维度的基础之上，达到一个最佳平衡。

应当说，前面四个步骤更多是依照规范模型和标准数据的研究与分析过程，而从这一环节开始，我们进入创造与突破过程。可以说新的体验主线以及价值主张是创造出来的，而非完全推导出来的，尽管推导能够帮助我们获得最初的线索或者帮助我们预判某些 Ideas 是否可靠。

这一步骤涉及的讨论主题：

1. 针对新车型，企业战略层面、内部资源层面、市场与竞争层面、用户层面，各自的基本要求有哪些？交集部分与差异部分分别是什么？

2. 从关键场景出发（承接上一步骤），用户在这些关键场景中的基本需求是什么？哪些能够给用户带来价值？哪些方面用户存在痛点？

3. 站在对标角度，核心竞争对手在上述场景中满足用户需求的手段是什么？给用户创造了何种利益？存在哪些痛点或者未被满足的需求？

4. 站在企业自身角度，基于品牌层面出发，我们最先考虑向用户提供的价值和体验是什么？这些是否与前面看到的用户需求匹配？

5. 同样站在企业自身角度，基于资源禀赋，能够向用户提供的价值有哪些？哪些有助于增进用户的愉悦感，哪些可以缓释用户的痛点？

6. 不断循环匹配用户端与企业端的内容，让这些内容真正匹配起来。

7. 为了达成这种匹配，新产品需要建立的价值主张以及需要带给用户的体验是什么？

8. 选择最能贯彻价值主张的使用场景和用户任务，梳理形成目标车型的体验主线。

第六步　形成功能组合及设计策略

梳理体验主线下，目标车型可以达成体验目标所需的功能组合，每个功能的性能要求以及产品的设计策略。

这一步骤的关键目标：

在这一步骤中，我们需要承接上一步骤中梳理的体验主线，展开这些体验主线的场景细节、用户任务以及核心目标用户的体验要求。然后梳理能够有效完成这些用户任务，支撑体验要求，并且能够让目标车型在这些场景下具有竞争力的功能组合方案。为了让这些功能组合达到体验一致的效果，我们还需要进一步梳理每个功能的性能要求以及产品的设计策略（包括如何呈现每一个关键功能的策略）。

在这一步骤中，充分结合对标与功能创新是必不可少的工作。对标可以帮助我们理解竞争对手如何完成这些关键的用户任务，为新产品设定必要的参考基准。功能与设计创新则是确保新产品能够有所突破的关键。

这一步骤涉及的讨论主题：

1.梳理每一条体验主线下的用户任务，以及与这些任务相关的Function List。

2.研究竞争对手产品以及其他可参考产品在解决上述用户任务时提供的功能组、性能特征以及设计策略。

3.寻找对于优化体验主线更有价值的创新功能方案或与之相关的新技术。

4. 沿着体验主线，形成完整的 Function List，设定每个功能的性能要求，使整个体验链条一致，没有体验瓶颈。

5. 定义可以支撑体验目标的产品设计策略以及各关键功能的呈现策略。

第七步　定义开发目标及 360 度体验管理

形成完整的产品开发目标，并且沿着用户体验管理模型，清晰定义整个体验路径下的产品策略。

这一步骤的关键目标：

这一步骤我们首先基于特征目录，定义所有指标的开发目标，解决产品定义完整性问题。此外，更加关键的是，我们需要定义目标车型如何给用户传递预期，如何在体验主线下帮助用户解决关键任务，如何给用户留下清晰印象（回忆）的完整体验路径，让用户体验成为闭环。

这一步骤涉及的讨论主题：

1. 基于前述几个步骤定义的功能组合、性能目标以及设计策略，结合特征目录定义完整的开发目标。

2. 针对 A/C/U 层级的指标，匹配相应的对标车型，给出明确的参考标杆。

3. 沿着用户体验圆环，梳理整个体验路径，清晰定义如何呈现用户预期、功能使用的触点，以及最终试图给用户留下的回忆（设置记忆点）。

针对第六步骤、第七步骤中形成的 360 度体验管理，明确体验路径的问题，我们需要围绕体验形成的过程进一步展开分析。也就是说，所有用户体验的过程都是可以被设计和管理起来的，具体内容我们将在下一章节详细探讨。

大胆地预研，审慎地开发

我们将整个产品定义方法和工具标准化以后，带来最大的一个变化就是产品定义过程变得更加高效和低成本了。同时，由于我们规范了整个产品定义背后的数据结构，这也给数据积累和重复使用提供了更多可能。规范化、可复用是开发相应管理软件的最佳前提，于是 So.Car 也顺势构建了相应的产品战略管理和产品定义辅助系统。应用这一系统，车企可以实现开展更加大胆而广泛的产品预研，但是需要更加审慎的工程开发。一方面，他们需要确保自身的产品组合逐步向换挡期市场的需求进行靠拢，以便把优质资源集中在可持续的方向上。另一方面，他们需要通过更广范围的产品预研确保能够及时发现市场的新机会、新趋势，但是落地到具体产品开发时又需要更加谨慎。毕竟前些年那种"多生孩子好打架"的想法已经被市场证明是完全无效的了。

具体而言，这些影响主要体现在以下几个方面：

第一，从职责定义的角度看，产品预研的目的是为了发现和识别机会而服务的。我们都知道，对于车企而言，产品预研和产品定义阶段是一款新产品整个诞生流程当中最为重要的阶段，这一阶段最为重要的意义是让新产品走过"模糊早期"，进入真正明确的、可被工程人员理解的开发过程。尽管这一阶段车企的投入仅占整个新产品开发投资的1%~3%，但对整个产品成败的影响却超过90%。因此预研阶段的重要意义不需要多说，这里需要讨论的是如何让预研工作变得更加有效和高效。

毕竟今天汽车市场的环境已经发生了非常大的变化，车企产品策划的理念和工作方法如果不能顺应这种变化的话，肯定是事倍功半甚至严重跑偏的。总结起来今天这种变化包括：用户结构、基本需求与产品认知能力的变化，数据采集范围和方法的变化，数据处理模型的变化，汽车品牌发展阶段与成长环境的变化（导致的品牌与产品战略基本要求的变化）……上述所有变化都使中国市场看起来越来越独特，也越来越需要适合于这一市场的方法论，那些直接从合资体系导入的框架体系正在失去生命力。因此创建适用于中国本土特征的模型和方法论是提高产品策划有效性的第一步，这需要产品策划人员以开放的心态，真正理解中国市场。

比如说，过去我们在调研走访用户的时候往往加入一些限定条件，例如这个人六个月内没有接受过同类调研。但今天我们发现，所有车企都在研究智能化，但对智能化有想象力和发言权的那些用户基本都是创领者或者早期尝鲜者，他们集中于特斯拉等少数品牌的用户当中。于是如果真的要想测试与智能车相关的产品概念，对这些用户进行访谈获得的收获通常远远大于你认为的目标用户。并且这些人参加的相关访谈或者众创工作坊越多，他们对这一问题的判断力也就越强。最终导致对这些创新概念的调研规则刚好跟传统车的研究相反。如果你非要拘泥在原有的那个框架之中，可能什么有价值的结果都得不到。

第二，尽管产品预研占整个新产品开发投资的比例很低，但完全依赖传统方法对应的效率是无法满足当前需要的，并且过多的预研也会浪费成本。这就需要产品预研能以更"敏捷"的方式进行，如果成本足够低，时间足够短，但洞察的深度和精度可以满足需求，那么理论上产品策划者可以全面跟踪和扫描市场的每一个潜在机会，进行自由度非常高的预研探索。

第三，产品策划并不会仅仅通过一轮探索便可以锁定最终概念的，而是需要通过预研形成预概念，之后再对预概念进行评估和改进，并且不断循环迭代的。本质上产品定义的方法论与产品竞争力的方法论是同一种逻辑，也就是说用什么样的方法进行定义，就可以用什么样的方法评价某一产品概念是否具备竞争力，反之不会产品评价又何谈产品定义呢？

第四，大量的产品预研只是为了发现和分析潜在的市场机会，并不等于车企需要或者能够抓住每一个机会。这意味着在产品预研的基础之上，需要对整个产品组合和品牌战略进行更完整的跟踪和迭代。车企需要结合自身的战略目标、品牌定位、资源禀赋以及发展现状，确定每个潜在机会的价值和排序。之后才是具体的产品定义和开发工作，也就是说预研应该是大胆而广泛的，但真正的开发却应是需要更加审慎的。

综上，上述这些理解也正是 So.Car & EFS 定义自身产品和服务体系的整体方向。一方面，我们全面跟踪和沉淀针对中国汽车市场的经验和知识，通过大量项目实践，与客户一同形成针对中国市场，结合客户自身状况的产品预研和定义方法论、模型，进而形成产品定义标准。另一方面，我们持续跟踪各种最新的数据采集和分析方法，不断迭代数据与决策模型，让所有分析工作更精准、敏捷，并且在成本上越来越支撑迭代这一方向。最终，我们的目标是让产品战略管理工作变得连续、可积累、可评估以及可迭代。

第五章

/

用户体验的管理和设计

章节导语:

在上一章节的产品定义七步法中,如何围绕用户体验的形成过程进行更有针对性的管理和设计是非常关键的核心内容,本章专门针对这一话题进行探讨。

用户体验的形成过程是一个圆环,因此用户体验的设计过程也应沿着这一圆环展开。同时我们还要思考让一个个用户体验循环合理地相互衔接,既可满足浅层用户体验管理的要求,又可在深度体验中让用户建立新的使用习惯,进而形成品牌忠诚或者依赖。

在上一章中，我们针对原有的产品定义系统进行了升级，把用户体验管理和设计作为产品定义的核心，并且围绕这一核心形成了一组更加标准的数据结构，以便新的产品定义系统可以持续滚动更新和积累。在这个新的理论框架中，用户体验如何管理依然还是一个非常复杂的问题，为此我们专门开启一个章节探讨这一问题。

回归用户体验圆环

要在产品定义过程中以用户体验管理为核心，我们就必须让产品定义的逻辑紧密围绕用户体验目标以及用户体验的产生过程展开。在这里我们首先回归本书第二章提到的用户体验圆环，梳理体验的产生过程如何与产品定义对接的问题。

如下图所示，既然用户体验的形成过程，在每一次与产品接触的过

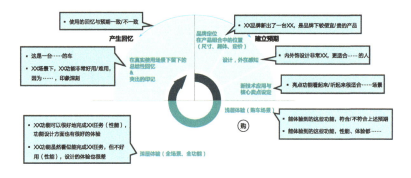

图示：各个评价节点都是对用户体验范式的细化展开

程中都可以划分建立预期、功能使用、积累感受和产生回忆这样几个阶段，我们管理和设计用户体验也应该围绕相同的线索展开。

用户与产品的每一次主动接触，无论时间长短，过程复杂与否，他总是在一个特定的场合，期待通过这次接触解决特定的问题，因此他就必然对这次接触带有某种预期。这种预期既可以是被我们归结为体验因子的某种感受，也可以是对完成某项具体任务的期待。如果是对于整个选车、购车环节而言，用户的预期甚至可以总结为拥有这部车车辆以后，对美好生活的向往：用户会基于自己对日后用车画面的设想，脑补自己拥有这部车以后的场景。当然这是更加完整的预期构建。

在预期建立以后，用户的很多行为基调和心理认知基调都是受预期影响的。如果用户对某些车建立的预期足够糟糕，甚至他不会开启后续的接触过程。这在用户的选车环节是最常发生的案例，用户不会把心思花在调动不起他研究欲望的产品上。当然如果某个车型给用户传递的预期过高，实际体验中又无法承接这些预期，结果同样也是不利于这个品牌的。比如在电动车续航里程这个话题上，部分品牌涉嫌虚假传播，最终受损的其实还是车企自己。

进入使用环节，也就是用户真正接触到了产品之后，他的行为轨迹是按照实际使用场景中，如何探索和完成每项预期的用户任务推进的。也就是说，之前建立的预期是他的认知基准，完成具体用户任务是他的主线，场景是背景条件，在完成任务当中使用到的各种功能是他积累感受的一个个实际触点。尽管用户使用每个功能过程中形成的感受直接影响到用户体验，但这些感受并不是孤立的，而是一个连续的、穿越任务和场景的、不断积累的过程。因此我们把这一过程称之为功能使用、积累感受的过程。

在整个使用或者体验过程中，我们追求的并非单个功能的极致，而是一个个可以支撑具体用户任务的功能组合的协同。也就是在整个使用过程当中不要出现体验不一致的情况或者体验瓶颈。举一个最简单的例子，动力系统与制动系统是驾驶过程中的一个功能组合。如果某个车动力非常好，但制动很差，用户不会认为这是一个好的体验，这种情况下加速性能太好反而可能成为用户抱怨的话题。

此外，用户对每个功能组合产生的感受也是相对他此前建立的预期而言的，如果之前没抱有太高预期，即便一些普通的功能也可能给用户带来惊喜。反过来，如果预期太高，即便这部车表现已经足够好，也可能让用户失望。

最后，在完成每次任务或者结束一次接触经历后，用户会形成一定程度的总结与回忆。如果这个用户尚处于选车、购车阶段，这种总结会更加自发和主动，对用户后续行为的影响也更加直接。如果是日常用车阶段，这种总结在大多数使用行为以后将不会十分显著，除非用户经历了一些新的场景。这是因为在日常使用的多次重复以后，用户对车辆的认知已经趋于稳定，此后每次使用经历更多是在强化这种认知而已。但无论哪种情况，用户对使用经历的总结与回忆都是真正影响体验结果最为重要的一步，毕竟单就每个功能和每一步骤的体验而言，这个内容过于庞杂了，最后用户只会记住那些最为突出或者最为概括的特征。如果能够理解用户总结感受和产生回忆的机制，我们便有机会管理和设计每个产品留给用户的回忆。当然，用户也会对比最初建立的预期，看看最后的感受是否与当初的预期相匹配，并且基于这个对比判断是否愿意继续推进下一次的体验并且修正下一轮体验的预期。因此这个体验实际上是一个循环过程。只是远远达不到用户预期的体验会导致这个循环在某个节点终止，即用户放弃某个产品的过程。

有了上面这些思考和准备，我们便可以进一步开启管理和设计用户体验的旅程。

如何管理用户的预期

　　管理和设计用户体验过程首先需要从管理用户的预期开始。我们先来看一下可能影响用户预期的因素包括哪些：

　　1. 用户是谁，他期待这部车用在哪些场合，解决哪些问题，以及呈现什么感受？这是用户最直接的使用期待，但这些期待更多是对应预期的方向，而非准确的程度。

　　2. 用户此前用过哪些车，他对这些车的体验深度以及评价如何？这决定了每个用户的认知基础，如果用户习惯了高端产品，他对产品的要求自然也会水涨船高，反之亦然。当然这也受每个用户具体的产品认知能力和审美偏好等因素影响。相比之下首次购车用户在这方面的标准要模糊得多，影响他们产品认知基准的往往是各厂家的品牌传播、口碑以及他们通过其他渠道积累下来的产品使用经验，包括乘坐出租车 / 网约车、借车、租车等。当然如果是有车家庭长大的年轻人进入汽车消费阶段的情况，这就要另当别论了。

　　3. 某个品牌长期留给用户的品牌印象或者品牌联想。比如奔驰带给大家的印象始终是豪华、舒适的，那么用户对奔驰建立的预期也会不由自主地朝这个方向倾斜。反之用户体验保时捷，就一定希望感受到他的驾驶乐趣。

　　4. 用户关注的产品在该品牌整个产品组合中的位置，包括价格、尺寸、厢体形式等维度,他们都对应着一些序列关系。比如还是以奔驰为例,如果你看到一部比 S class 更大的奔驰轿车,你直觉上多半会认为这款车应该比 S class 定位更高。

5. 产品的外在设计给大家传达的信息,也就是用户在实际使用前仅通过视觉传达即可形成的第一印象,这也决定了用户预期的构建。比如某个车造型非常动感,用户看到这个设计以后自然会对动力、操控稳定性持有更多期待。由于这些信息是即时接收的,很多用户看到这些设计是在他主动希望了解这个车之前发生的,所以更大概率产品的外造型设计也是影响预期构建的重要属性。

6. 产品的对外传播,这与外造型相似,很多时候用户接收这类信息是先于购买选择行为的。也就是说在没有明确购车意向之前,用户就已经通过各种渠道接收到很多来自车企的传播信息形成早期的品牌印象了。这个因素与上面第 3 条不同的是,他更聚焦于某个产品层面,比如厂家给某个车型设置的传播卖点等。

梳理了上述可以影响用户预期的途径后,我们就可以构建管理这些预期的工具箱。这个工具箱包括对目标市场的选择、用户群的设定、产品外造型的设计策略以及传播卖点的梳理等。接下来我们需要探讨的是车企如何选择构建预期的方向。

显然,站在完整用户体验循环的角度,车企最佳的预期构建应当与产品最终给用户形成的回忆一致,这样体验才是平衡的,车企在市场中塑造的品牌形象才能稳定。这就要求车企需要给用户建立合理的，符合自己品牌定位方向与核心价值的，又要符合产品自身特点（理性价值与感性价值）的预期。既不能把预期拔得太高，然后被用户摔在地上，也不能把用户的预期带偏，当然不会有车企愿意人为压低自己用户的预期。

建立预期本质上是向用户传递他们能够理解的，通过使用产品后可以获得的感受或利益。这种感受或利益必须是容易证明的，易于理解和传播，并且与用户的认知或实际期待相匹配的。因此对于全新车型的产品定义而言，明确产品使命是管理用户预期的第一步。也就是说，向用户传递什么样的预期，首先是由产品使命决定的。如果目标车型的使命是获得更高的溢价能力，提升品牌好感度，它就需要向外传递更高性能水准或者技术水准的预期。如果目标车型的使命是收购潜在市场机会，它就需要向外传递更有诚意，更高性价比的预期。通常而言，产品使命决定的是构建预期的方向和基调问题。

在明确了预期的方向和基调以后，我们还需要把这些方向或者基调落实到具体的体验主题上。比如单纯强调这是一款性能水准更高的车，这是非常空洞的，而是应该有更加明确的主题，比如驾驶体验更优异或者弯道之王等。过去体验主题往往是与具体的产品指标高度相关的，现在随着功能数量的大幅增加，体验主线越来越要求场景化了。即需要落实到最能贯彻产品特征，同时也是目标用户期待的典型场景上。比如一款六、七座的大型 SUV，它最典型的场景就是全家人周末出游。在这种情况下，体验主线也就是让家里每个人都找到最舒服的座位，都被平等地照料。

如果预期的基调以及体验主题/主线明确了，后面就需要围绕这个主线梳理若干体验原则了。所谓体验原则就是将体验目标具体化，用一组精确的形容词或特定句式，将产品需要带给用户的体验准确描述出来。体验原则需要从三个方面思考和描述体验目标：

1.在整个体验当中，产品或服务需要向用户传达的关键信息有哪些？

2.产品和服务以什么情感基调、风格传递/表达这些关键信息？或者产品或品牌的性格是什么？

3.产品和服务向用户呈现某种体验需要达到的程度如何？

明确了目标车型的体验原则，就等于为预期构建指明了方向。但体验原则往往只是几句摘要式的描述或者一组体验因子，我们还必须确定在这些方向上的程度以及呈现这些原则的具体方式。这就需要车企围绕这些体验原则，进一步梳理新产品的设计策略、体验主线、卖点/魅点组合以及这些信息触达用户的 Touch Point。

通常车企建立预期的策略有三种：

1.直接响应或者满足用户的某种期待，这是大多数产品最常使用的策略。直接响应策略的关键就是准确定义用户的期待是什么，然后按照这个期待去设计新产品给用户传达的主题。比如用户期待一个具有高级

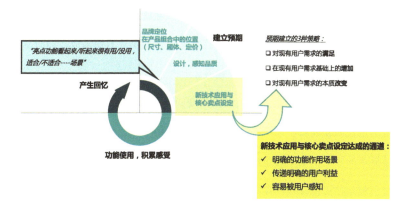

"亮点功能看起来/听起来很有用/没用，适合/不适合……场景"

品牌定位
在产品组合中的位置
（尺寸、赐体、定价）

建立预期

设计，感知品质

预期建立的3种策略：
☐ 对现有用户需求的满足
☐ 在现有用户需求基础上的增加
☐ 对现有用户需求的本质改变

产生回忆

新技术应用与核心卖点设定

功能使用，积累感受

新技术应用与核心卖点设定达成的通道：
✓ 明确的功能作用场景
✓ 传递明确的用户利益
✓ 容易被用户感知

▍图示：管理用户预期的方式

感，空间更大的车，以满足经济实力提升以后全家人的需求。这个时候我们如果向用户提供更大尺寸甚至更多座位，同时工艺品质、材料选择有明显提升的产品通常是符合用户期待的。

2.在现有用户需求的基础上，提供更多利益，已达到超越用户期待，给用户更多惊喜的效果。这是竞争导向的市场中最常用的策略，车企既需要向用户提供更多、更大的价值，又要有效控制自己的成本，或者需要让商业模式可以持续。这就需要一个新的平衡，并且这个平衡必须有清晰的主题，否则漫无目的地做加法不仅会给用户传达混乱的预期，还有可能让这些加法之间相互干扰。有意义的加法往往来自对用户用车方式和生活方式更深刻的洞察。比如我们在研究高级别驾驶辅助系统的时候，在产品提供了这些功能以后，用户使用它的同时人车关系一定是出现了某些改变的，这个时候有意义的加法策略就是与高级别辅助驾驶这条体验主线相关的衍生功能要求。比如向用户提供更方便拿取，同时具备无线充电功能的存放手机的位置等。

3. 对现有用户需求的本质做出改变，响应用户更底层的原始动机，而不是在表象或者实现路径上按照用户已知的方式提供解决方案，也不是简单的加法活动，而是通过对技术解决方案的突破，甚至重构，定义并引领某种更加底层的用户需求。比如目前在智能驾驶舱方面，通过打通原本各自独立的各个功能域，很多品牌逐步定义出了更多可以更充分融合的功能组合，包括座舱氛围管理、用户情绪管理等。

参考案例一：特斯拉 Model 3

在前面章节当中我们曾经举过 Model 3 的案例，它给用户建立的预期非常简单而明确：这是一部原汁原味的特斯拉，保留了特斯拉应有的性能和体验，但价格只有之前产品的不到 50%。为了传递这种预期，Model 3 在外造型上延续了 Model S 的轿跑风格。在内饰方面，除了取消主驾仪表之外，Model 3 基本延续了特斯拉一贯的内饰布局。同时该车型也延续了 Model X 那种超大前挡风玻璃的设计。为了在低矮的车身上凸显巨大挡风玻璃带来的视觉震撼，Model 3 还采用了全玻璃车顶，这等于又强化了原有的视觉体验。至于车机内部的整个交互系统，与特斯拉其他产品几乎是完全一样的。在 OTA 体验、无人驾驶、加速性、续航里程和充电管理等方面，Model 3 同样也是原汁原味的特斯拉风格……

总之，在所有关键体验主线上，Model 3 构建的预期几乎不会让用户产生任何分歧。

参考案例二：吉利博瑞

吉利博瑞于 2015 年上市，是当时吉利品牌的旗舰车型，也是 2010 年以后自主品牌在 13 万元以上市场中，第一款月均销量达到 4000 台以上，并且维持 3 年的轿车产品。事实上，博瑞之前其他相似价位甚至价格更低的自主 B 级轿车通常只能做到月均销售 1000 台左右。那么博瑞如何做到这一成绩的呢？这同样与明确的预期构建密不可分。

要知道 2015 年之前的吉利在品牌影响力方面远不如今天，但 2010 年吉利在完成对沃尔沃的收购之后，该品牌的发展战略就与沃尔沃密切相关了。在吉利后续高端车型上体现沃尔沃的部分特征，让用户感受到沃尔沃对吉利的加持是最合理的构建预期的方向。为此在博瑞这款车上，吉利选择了与沃尔沃神似，但表达方式有所差异的设计语言，尤其是博瑞的尾部。在车辆的安全装备、车机与 HMI 方面，博瑞也大量采用沃尔沃的风格。最为关键的，在车辆细节质量品质（PQ）方面，博瑞更是实现了质的飞跃。为了支撑这种感受上的相关性，吉利还大量采用与沃尔沃相同的供应商，做到两者更加实质的相似。

也正是从博瑞开始，吉利品牌向上突破的天花板被正式打开了，后续推出的博越、新帝豪、帝豪 GL 等多款主力车型才能不断推动该品牌从年产销 30 万 ~50 万辆一路攀升至 100 万辆以上。

如何设计体验主线

在明确了目标车型需要向用户传达的预期后，我们需要设计与这个预期相匹配的体验路径，即用户使用具体功能／功能组合、积累感受的过程，才能最终让预期落地。尽管每个用户的具体用车过程会是千差万别的，但他们期待车辆解决的问题，也就是我们所说的用户任务却是可以归类梳理的。这样我们可以通过串联这些用户任务梳理用户的体验主线，进而管理和设计相应的功能使用路径。

只不过在这个环节我们需要按照浅层体验与深层体验两个方向设计不同的体验主线。在浅层体验环节，我们的目标是激发用户进一步体验或者购买的欲望，直接服务于营销环节。这就需要产品在设定的体验原则下，能够向用户最高效率、最准确地传达与预期相匹配的用户利益，并且能够令用户兴奋，刺激用户的购买欲望。因此浅层体验环节的体验主线链条越短越好，传达方式越直接越好。通常"好看"是这个环节首要的追求，也就是让用户一看就喜欢。当然实际情况不仅仅是造型设计、交互的仪式感和感知品质等方面，具有竞争力的空间、加速能力以及用户可以直观感受到的独特功能等都是可以达成这一效果的重要体验点。只不过我们在设定浅层体验主线时需要把这些体验点场景化，把每个卖点按照与用户利益相关的场景进行设定。对于现有产品就是把这些体验点融入这些主线当中，对于正在定义的目标车型则是沿着设定主线反推

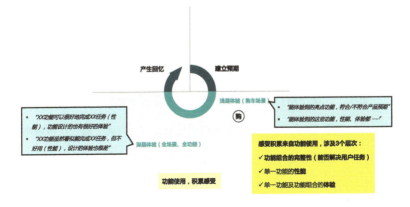

图示：浅层体验和深层体验，分别服务于销售和口碑

这里涉及的功能组合以及体验主线对于每个功能的具体要求。

对于深层体验而言，我们最期待的是用户在长期使用当中建立牢固的使用习惯，并且以此作为下一轮购买的选车标准，这样才有利于整个品牌的基业长青。这个体验主线就必须沿着对于用户而言最为高频或者最为重要的场景展开（注意高频并不等于重要）。与浅层体验我们需要激发用户的购买欲望不同，深层体验主线当中，我们重点是要解决产品"好用"的问题，也就是一定要让用户用着非常"顺手"。这就需要在高频或重要场景的重要任务，即体验主线之下，让支撑这些体验主线的功能组合达到更高的性能水平，更顺畅的功能衔接，更一致的使用感受。这需要从技术和设计两个方向协同努力，寻找最佳的产品实现方式。

当然，无论浅层体验还是深层体验，所有体验主线的设定都不能背离最初设置的体验原则，要让每个体验原则都有具体的设计支撑、性能支撑或者功能支撑。

事实上，整个用户的生命周期当中与产品的接触是一个连续多轮次的过程，每个 Touch Point 对应着不同的接触方式。同时，每一次接触都会影响下一次接触的用户预期或者决定是否仍有下一次接触的必要。如果我们沿着 Touch Point 的线索去梳理这些接触行为，就可以有效管理整个链条，让 Touch Point 成为推动用户生命周期不断向前的主要线索。也就是我们可以沿着每个 Touch Point 的特征，梳理适合这类接触方式的预期方向，以及在这类接触中影响用户的方式。这也是我们梳理体验主线的主要切入点。

参考案例一：自动泊车方式的选择问题

针对无人驾驶的话题，行业内部大家最常使用的能力划分标准就是 SAE 的 L1~L5。但这种划分方式并非场景化的，也不是体验化的。这就导致尽管很多厂家都在大肆传播自己无人驾驶技术的先进性，但用户基本不会买账。再加上大多数品牌，配备无人驾驶最高能力的产品往往缺乏性价比，这些被大肆传播的车型实际出货量往往少得可怜。

如何才能让用户理解并且愿意为此付费呢？我们必须找到无人驾驶功能的体验主线和用户利益。以自动泊车为例，单纯地告诉用户某部车可以实现自动泊车功能是没有意义的，用户也想不起来使用这些。毕竟大多数车位对于有驾驶经验，又配备倒车影像／雷达系统的车辆而言是没有太大挑战的。但如果我们找到这样的典型场景，情况就可能有很大改变了。比如人在车外遥控泊车，他的实用场景就是狭窄车位，如果司机自己泊车就会陷入下不来或者弄脏衣服的尴尬。这是一个很有画面感的案例。如果我们选择这样一条主线，也会进一步梳理和强化遥控泊车的整个体验，让这组功能的迭代更有针对性。反之，我们曾经体验过BYD 唐的相关功能，虽然它可以实现人在车外的遥控泊车，但你不会有兴趣使用它。

参考案例二：特斯拉的迎宾与启动过程设定

我们不得不再次拿出特斯拉的案例了，这个环节涉及智能车的迎宾与启动过程。由于大多数车载 OS 是基于 Android 底层开发的，车机启动过程往往需要 20 秒左右的时间。多数传统车企产品的启动过程都严格遵守油车系统延续下来的逻辑：保留 Power 按键或者通过钥匙启动。甚至部分电车还保留了驾驶员按 Power 时只通电不启动的逻辑。于是车机的启动过程就需要驾驶员在车上苦等 20 秒左右了。大部分车在这段时间不能挂挡行车，或者至少 AI、导航以及其他联网功能是无法使用的。之前我们曾经设想过这样一个笑话，在警匪追逐的经典电影画面中，匪徒进入了一台智能汽车，然后他按下 Power，坐在车里等待了 20 多秒还无法起步……

特斯拉改变了这样一个逻辑，在人接近车辆的时候，蓝牙就完成了匹配、解锁和座椅迎宾的动作。与此同时车辆通电、车机进入开机程序。

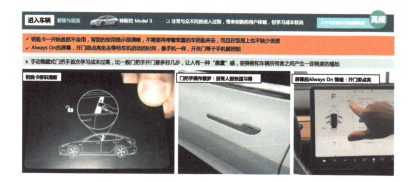

图示：特斯拉 Model 3 提供的"进入车辆"功能组合

驾驶员拉开车门上车，坐到座位上，系好安全带的这一过程中，车机已经基本完成启动可以随时走人了。为了让这一过程更加顺畅，特斯拉还删除了 Power 按钮，改版了车门把手的设计，甚至省略了车钥匙这样一个硬件……这些都是可以培养用户使用习惯，形成肌肉记忆的关键触发点。

如何管理用户的回忆

最后，一个产品在体验结束后，用户会做出什么样的总结，产生什么样的回忆，其实取决于车企想让用户产生什么样的回忆。也就是说，我们可以通过在体验主线当中埋设"回忆触发点"的形式引导用户产生回忆的过程。

这种回忆在浅层体验当中较为简单，因为浅层体验主线更多追求断链条的、即时的结果，回忆与感受的一致性很强。我们只需要做好两件事即可：让用户可以准确接收到并认同产品试图表达的信息，以及让这组信息主体突出，便于记忆。这样才能真正有利于产品营销活动的开展。

在深层体验当中，我们需要充分回归最初设定的体验原则，从这些原则出发设定产品的回忆主题，然后将核心功能与这些回忆主题匹配起来，作为最需要重点突出的核心魅点功能／功能组合。这样在设定功能列表，设置性能目标或者选择设计策略时，将这些功能／功能组合恰当地凸显出来，使之成为用户最容易回忆的内容。从这个角度看，所谓产品的魅点，也就是能让用户真正形成有效回忆的点。

问题的关键在于，我们需要让浅层体验循环与深层体验循环变成两个相互关联、互为支撑的循环过程。也就是说，在浅层体验当中，我们

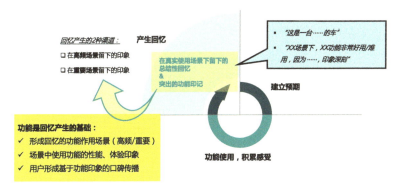

图示：回忆是对使用感受的概括和总结

设定的能够激发用户兴奋的体验主题，需要在长期深度体验中依然具有意义。我们需要把用户在浅层体验当中形成的认知变为他们选择车辆的某种标准或者长期的使用习惯。

总之，管理用户的回忆，最重要的还是要站在完整体验循环的角度，全面梳理整个体验旅程，始终围绕体验原则，在体验主线上通过功能、性能以及设计策略不断强化体验原则。从这个角度出发，针对浅层体验过程，产品需要给用户建立的回忆往往是能够激发用户兴奋点的产品属性，比如某种带有仪式感的设计，某些独特并且炫酷的交互操作等。而针对长期的、深度体验过程，产品需要给用户建立的整体印记更需要体现在"肌肉记忆"的回忆当中，也就是养成用户的某种使用习惯。例如无钥匙进入功能出现以后，用户使用遥控钥匙解锁车门的动作就会变得越来越生疏。类似的例子在车上会越来越多，新的使用习惯会在潜移默化中形成用户对特定产品和品牌的依赖。

兼顾浅层与深层体验，将惊喜转为必备

车企如何通过用户体验管理给竞争对手构筑壁垒？我们需要按照自己设定的方向不断抬高用户的选车标准。

从用户体验管理的视角出发，我们需要把浅层体验与深层体验贯穿

起来，要让浅层体验环节当中令用户感到兴奋的属性在深层体验当中同样可以真正影响用户，也就是让用户"上瘾"，形成使用习惯。把浅层体验与深层体验统一起来，用户在购车时形成的感受以及对后续日常使用建立的预期才会一致，在后续的持续使用过程中形成的感受才会不断证明当初购买决策的正确性。只有做到这一点，这些新建立的习惯才会成为用户新的选车标准，无论他在自己的下一轮购车行为当中，还是在向别人推荐产品时，这些标准都会起到作用。

从功能角度审视上述过程相对更容易一些，为此我们不妨举几个关于车灯的例子：

1. Logo 照地灯：这类功能在用户初次接触产品的时候往往会觉得很有吸引力，尤其是晚上打开车门时，一个 Logo 直接投影到地面上很有仪式感。但本质上这类功能并不会给用户带来实际价值，因此它不会对用户的深层体验产生太大影响，久而久之用户就会无视这种功能的存在。站在整个用户生命周期的高度看，这类功能属于鸡肋噱头。

2. 解锁迎宾灯：在用户接近车辆时，大灯自动点亮，为用户提供照明便利。不仅如此，用户还可以自定义解锁灯语，大大增加了这一功能的可玩性。如此一来，这类功能既可以在浅层体验中给用户带来兴奋感，又可以在后续的日常使用中让用户时刻感受到这种功能的便利性，形成新的用车标准。我们把这类功能叫做深度魅点。

3. 驾驶员脚下氛围灯及照明：在浅层体验中，这类氛围灯很容易被用户注意到，也确实会起到一定的令人兴奋的效果。在深层体验中，虽然这类兴奋感会逐渐消失，但用户会渐渐适应脚下有照明的状况，这会成为用户默认的一种用车标准，也就是让用户养成了一种新的使用习惯。

4.过于绚丽的车内氛围灯：如果车内使用了过于绚丽的某种氛围灯，比如不断变换色彩，或者变换照明角度/亮度等。虽然在浅层体验环节，这类氛围灯很酷，也真的会让很多不怎么开车的人感到兴奋。但到了日常使用过程中，这类氛围灯更有可能是让用户赶到厌烦的，因为它会干扰驾驶员的注意力，也会让乘客无法放松心情。显然这是一种浅层与深层体验效果相反的案例，我们可以称之为"伪创新"。

下图中我们分别示例了这四个案例在浅层体验与深层体验两个维度

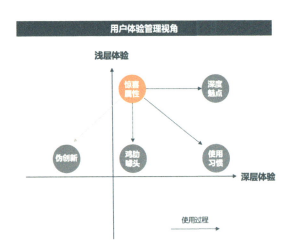

图示：用户体验管理视角下的惊喜属性

上的变化过程。最初，它们都可能是某种惊喜属性，但随着由浅层体验到深层体验的过渡（也就是日常使用过程），这些功能的实际属性会逐渐发生变化。

图中很容易会让我们联想到 KANO 模型，实际上从用户体验视角，我们等于给 KANO 在汽车行业的应用做了一种延伸：车企仅仅给用户带来短暂的惊喜是不够的，在审视卖点／功能的时候，必须思考如何将浅层体验中很容易传达的内容与深层体验融合到一起。这个过程相当于把买车时用户认为的惊喜属性转化为下一轮购车中的必备属性的过程。做到这一点，车企相当于抬高了自己竞争壁垒。此前大多数车企在应用 KANO 时都存在两大误区，一方面，他们的思考都是静态的，如果按照静态思维，车的必备属性往往就只有四个轱辘加上几个沙发这么简单了。另一方面，大家更愿意站在购车节点上考虑 KANO，而忽视了后续的使用环节。

真正做到将浅层体验与深层体验深度融合，一方面，我们需要统一两个维度的用户体验原则，让营销过程中传达的卖点和利益在长期同样有效。另一方面，我们需要建立一套更为长期的机制。这是一个更长周期的循环，它将覆盖整个用户生命周期。实际上，随着 OTA 的出现，车企原本的产品生命周期管理工作正在与客户关系管理以及用户生命周期管理合并到一起。这将是一个全新领域，必将彻底改变汽车行业的运营组织模式。对此我们还要持续观察和总结，这里我们先从体验管理的角度做一个初步探讨。

第六章

/

为用户体验管理"立法"

调动车企的整体协同能力

迭代研发组织结构，消灭"三不管地带"

以 Function List 作为用户体验管理的"法典"

章节导语:

　　面向变革周期，用户体验管理不应仅仅局限在产品战略或者产品定义层面，而应成为车企所有价值创造活动的主线。本章我们将超越用户体验圆环，将用户体验管理活动渗透至每个相关的业务单元，探讨如何在大型车企内部形成敏捷用户体验管理机制。为此我们专门设计了一个思考架构：敏捷用户体验管理之箭。

本质上，用户体验管理与早已盛行多年的定位理论并无任何冲突，它也是强调体验主线和体验原则的一致性。无非是按照汽车行业本身的复杂性，将定位理论在各个细节深入展开了而已。这意味着用户体验管理除了需要改变产品定义领域的逻辑链条以外，还需要让车企的整个组织紧密围绕在用户体验管理这条主线上，为同一个目标协同贡献力量。这就要求用户体验管理必须贯穿开发、采购、营销、服务等多个环节，让车企为用户体验管理"立法"，并且消灭由传统研发分工组织模式造成的诸多"三不管地带"。

调动车企的整体协同能力

在汽车行业一百余年的历史当中，最具竞争力的车企往往都是可以同时兼顾规模与效率的车企。也就是说，车企必须拥有足够的规模，尤其是对于量产市场的各大品牌而言，没有规模就没有话语权，更没有利润。但规模增大的同时，车企的管理成本和效率问题就会凸显。这个时候车企必须牺牲一部分管理成本，降低一部分组织的自由度来解决效率问题。在这些方面车企有很多成熟的解决方案，比如过去20年我们耳熟能详的平台化、模块化，本质上就是为了平衡产品组合规模与研发成本和研发效率而推出的，而产品组合规模的扩大优势是为了迎合销量或者市场份额增长的目标而必须做出的行动。同时大家也都清楚这样做的代价，每个车型开发的自由度都受限了，由此也带来了很多"套娃"现象。尽管如此，像大众集团这样"套娃"最彻底的公司还是赢得了过去十年的市场先机。由此可见相比其他维度，效率还是车企更优先考量的因素。

现如今我们提出车企需要通过用户体验管理穿越变革周期，适应新时代的竞争要求这一主张，那就意味着用户体验管理在解决产品定义问题的同时，还必须让体验管理超越产品本身，成为车企整体的行动纲领，让车企的一切价值创造活动拥有共同的目标。为此，我们需要再次回到品牌战略与产品战略整体关系的视角上，思考用户体验管理所处的位置。

车企需要有一个清晰的战略方向和定位选择，通常这是与品牌战略直接相关的。品牌战略决定了每个品牌的目标定位以及该品牌需要建立的核心价值。在原有惯性系统当中，我们可以通过特征目录管理品牌定位，强化与品牌价值相关的指标。如今我们依然可以采用这种方式，只是需要不断优化指标体系，使指标能够预测，至少是跟上行业变革的节拍。

到了产品层和具体执行层（包括每个产品的营销和服务以及更为广泛的整个接触链条），每个车型都是在继承品牌核心价值的前提下，按照所在细分市场的竞争要求对相关的特征指标进行演绎。如此一来，同一品牌，不同产品之间才能保持足够的相似性。与过往不同的是，我们需要在品牌层与产品组合层之间，增加一个体验层的管理。也就是说，在品牌层级，我们需要定义与核心价值相呼应的用户体验原则，这是整个品牌的最高纲领。到了产品组合层，我们需要结合每个车型所在细分市场的特征，匹配每个车型的产品使命，定义车型层的体验原则。这样用户体验管理就可以合理嵌入现有的品牌与产品战略管理框架之中，既可成为一个具有约束力的行动纲领，又可与现有逻辑兼容。

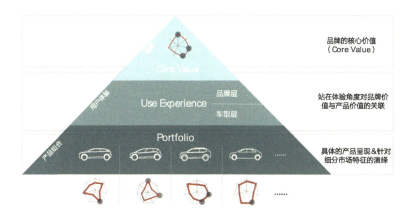

图示：品牌与产品战略管理框架

有了上述关于用户体验的行动纲领之后，我们即可以用户体验为主线，串联产品与品牌之间的关系。品牌战略目标被翻译成为更加清晰、明确的体验原则，进而产品战略规划、产品组合计划、前瞻技术与技术路线图、产品定义、产品开发、采购、营销、服务与生命周期管理等整个链条的都应围绕这一统一目标进行管理。

在品牌战略层面，车企需要基于整个行业趋势的分析、目标用户需求的洞察以及自身资源禀赋的审视，在这三个维度当中选择一个恰当的平衡作为自身品牌定位的基石。用户体验原则也应在此基础上发展。也就是说，所谓用户体验原则就是用一组可以描述用户感受的语言，将品牌印象、核心价值从用户体验的角度加以定义和描述。例如奔驰一直是豪华、舒适的标杆，如果从体验角度就是要带给用户被尊重的、体面的、优雅的感受。

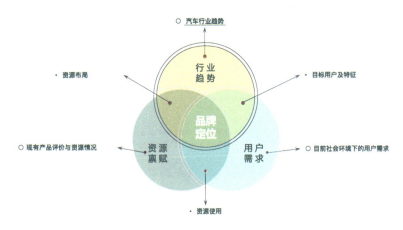

图示：品牌定位需要深刻洞察行业趋势、目标用户需求，并合理评估自身资源

有了品牌层面的体验原则，在产品战略规划层面要兑现这些原则就需要从技术和设计两个方向上协同推进。技术带给用户的是与功能、性能有关的理性价值，设计则是在理性价值基础之上的感性价值。如果两者结合充分的话，设计会让技术带来的理性价值放大，反之就会形成价值损毁。因此，产品战略层级需要思考的第一个问题就是使用什么样的整体性的设计策略，支撑什么样的独特功能组合，以及这种组合能够给用户在哪些场景中创造什么样的价值。这相当于是品牌层级向产品组合层级提出的体验主线要求。对于奔驰而言，具有代表性的体验被尊重的、体面的、优雅的场景就是商务场合。因此奔驰的多数产品都会以商务场景作为自己的体验主线，并且为之匹配相应的功能或者技术。这也相当于是将品牌特征按照体验的形式基因化。

到了车型层面，显然不同细分市场的竞争要求是不同的，车企在每个细分市场的战略诉求也是不同的。因此车企必须在选择性地继承整体体验原则、体验主线的前提下，按照每个细分市场的要求进行演绎。针对选择继承的体验主线，这就是做减法或者做加法的过程了。依然以奔驰为例，它最具代表性的产品是 S Class，到了 E Class 上的商务场景依然被继承了，只不过奔驰需要在 S Class 上做减法以便可以适应第一级别细分市场的成本要求。如何做减法则又回到前面产品定义章节中我们提到的功能组合筛选的问题。如果是针对特斯拉这样的品牌，由于它最大的体验主线在 ADAS 和车机系统层面。我们看到特斯拉战略性地选择了所有产品在这些地方不做妥协的做法，这带来了更加一致的操作感受，成为更加明确的感受基因。显然感受基因或者体验基因要比过去大众那种"套娃"策略的造型基因高明很多。

到了开发层面，由于承接产品定义环节的开发目标已经由单纯的基于特征目录各指标的对标目标转化为以设计策略、功能组合以及基础架构三方面为核心，配合体验原则的描述。这种描述方式更加具体，更加有利于开发团队理解各项目标，当然也更加有利于针对关键节点的开发目标跟踪检查。更加重要的是，开发团队针对各类新功能、新技术架构、新指标维度的要求，逐步调整分工组织模式。我们认为在体验原则上达成一致，让研发团队同样建立对目标用户的同理心是拓宽工程师视野以及顺利推进组织模式变革的重要前提。即无论工作如何切分，大家的工作重心都应围绕让体验原则充分落地这一总体目标展开。同样，这一工作也会影响到采购与生产制造环节。

在产品营销环节，车企需要把体验主线与用户触点充分结合起来，从每个触点出发,思考如何充分利用每个触点向用户传达特定的信息（建立预期或者完成某些体验）。因此，在这种思路下，产品传播过程不再是传统模式下那种广播式的、战役式的，而是体验式的，针对每个触点量身打造的，支撑同一组体验原则精细化、系统化工程。比如很多车企都在研究的如何使用抖音进行传播的问题，这类短视频平台最适合展示一个独特的使用场景或者用户任务。车企可以结合自身体验主线或者产品特征去梳理这类场景，然后借助这类平台激发用户进一步体验的兴趣或者欲望。只不过在推动这一触点的同时，车企还必须有与之匹配的下一个环节可以承接这里获得的集客线索。

同理，服务环节也必须与品牌整体的体验原则是一致的，当然服务更加感性化，更加适合在理性价值的基础上，进一步强化用户的印象，让用户的回忆更加明确。

总之，一旦体验原则变成了一个核心，它就应当成为车企整个价值链条一致行动的新的纲领。这本身也是定位理论在车企复杂体系内部的一种具体化。为了能够让用户体验管理成为车企整个价值创造活动的核心或者行动纲领，So.Car & EFS 设计了一个新的分析框架。我们可以将车企的整个目标系统划分为三个层级：战略层、体验层以及执行层。战略层意味着与车企整体战略目标或者价值定位选择高度相关的内容，它决定了车企整体的发展方向。执行层涉及与产品、设计、功能、服务相关的所有细节活动。体验层在两者之间，起到桥接作用，既要确保目标可以自上而下地被贯彻，又要确保信息可以自下而上地得到反馈。总之无论是战略层还是执行层，我们都可以通过找到它们对用户体验管理活动的影响来判断每个环节是否是统一的，是否对达成体验目标是有贡献的。

在串联这三个层级的过程中，我们需要充分贯彻五项原则：

1. **用户体验至上**：所有战略目标和价值创造活动必须转化为可以被

用户体验的，或者与用户体验管理相关的具体目标。

2. **敏捷的**：在变革市场中管理用户体验，必须确保整个组织高度的敏捷性。

3. **一致的**：组织内部的价值创造活动必须拥有一致的目标，大家必须为同一个体验目标而努力。

4. **自上而下和自下而上**：执行部门或组织必须充分领会战略目标的指导思想，同时又要及时给出行动的反馈。

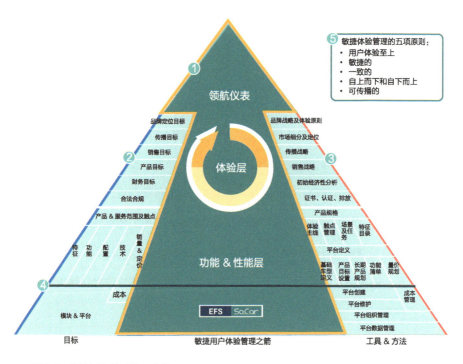

图示：敏捷用户体验管理之箭

5.**可传播的**：所有体验目标都应当是可以向用户证明的，容易被用户理解的，以及可以传播的。

基于上述原则，用户体验管理就像一支箭一样纵向串联从战略层到执行层的所有相关业务单元，让大家既有明确的价值创造方向，又要保持敏捷性以及信息的高效流转。我们将这个模型称为"敏捷用户体验管理之箭"。实际上这个箭头指向的方向就是用户体验圆环当中建立用户体验目标的方向。

这个思考框架的左侧是车企各项关键目标，我们按照从战略到体验再到功能&性能三个层级逐层展开。右侧是达成这些目标的工具和方法。蓝色横线之上是市场和用户层面可以感受到的信息，即海平面以上部分，之下是车企后台的支持系统，即海平面以下部分。

基于上述思考框架，我们再来审视多数车企如何基于现有业务模型构建与用户体验管理之间的通道，以及为了迎接行业变革他们需要做好哪些准备。

首先，在战略层，体验管理之箭的箭头指向的就是企业整体的战略目标，与用户最直接关联的就是车企的品牌战略问题。

品牌战略在当前多数车企中的定义：

品牌战略定义了品牌的长期战略任务。品牌战略应包括以下元素：

品牌为什么而存在？有哪些价值观和信念？

谁是目标消费者？品牌的关键洞察是什么？哪些用户体验原则驱动着品牌？

品牌代表什么？品牌可以为用户带来哪些利益？它的性格是什么样的，执行资产是什么？与其他品牌相比，该品牌的位置如何？

在现有框架下，品牌战略同用户体验管理的联系：

在品牌战略的背景下整合用户体验，使 OEM 可以通过实现功能性和情感性利益来确保用户忠诚度。最重要的是，品牌框架和用户体验原则为产品、产品组合和平台甚至不同产品代的一致性提供了方向。

从用户体验出发，在变革周期可能出现的变化：

变革周期导致新的价值空间被打开，即便成熟的强势品牌也必须思考这种变化对自身品牌定位的影响，例如 BMW 在驾驶乐趣方面的优势印象在电动车时代正在消失。

迎接变革周期，多数品牌都要重新思考自身存在的根本价值是什么？要解决用户的真正痛点是什么？例如理想 ONE 针对电动车的里程焦虑问题和 PHEV 的"伪节能"问题，提出了一种新的增程式解决方案。

其次，在体验层，我们以市场细分及产品组合定位、传播战略、销售战略和初始经济性分析举例，审视可能发生的变化。

市场细分及产品组合定位在当前多数车企中的定义：

在已有品牌框架和用户体验原则的前提下，主机厂需要决定提供哪些产品（硬件与软件、服务与有形产品）以及如何定位它们。

根据相关参数（地理、人口、心理、行为和技术变量）进行市场细分，并通过实际使用场景和用户需求来进行具体描述。

定义技术细分框架，描述可能的产品解决方案以满足细分市场需求。

使用场景支持的参数（例如特征）对产品组合进行定位，以实现最大的积极效果——最佳价格覆盖、一致的产品规格、最大可能的市场份额、清晰又与众不同的品牌语言和用户体验，以及统一的产品组合带来的最佳成本位置，这是一个在不断变化的环境中不断持续的过程，产品生命周期的变化也需要不断纳入考虑范围。

市场细分及产品组合定位同用户体验管理的联系：

品牌执行资产／用户体验原则是驱动差异化的主要因素，任何产品定位都需要通过它们来达到正面的效果。

从用户体验出发，市场细分及产品组合定位在变革周期可能出现的变化：

就像苹果当年只用一个机型打败了诺基亚同时拥有的20多个机型一样，很多人都在注视着汽车行业可能出现的变化。在创新不足的历史阶段，差异化可以来自尺寸，人为划分的厢体形式或者动力总成上的细微差别。但随着某些新价值空间的打开，原有的那些为了差异化而定义的差异化将不再重要。这意味着车企市场细分方法和产品组合的设定都会发生改变。

如果车企能够在变革市场中，捕捉到迈向新的生活方式／用车方式的关键场景，或者解决迈向这一阶段的核心痛点，车企有形的产品组合将会大幅缩小，市场细分也将彻底突破原有维度。例如特斯拉通过遥遥领先的自动驾驶体验，以新物种的身份重新定义了整个豪华品牌盘踞的传统市场。理想 One 定义的没有里程焦虑的大型新能源 SUV 也是同时影响了多个传统视角下的细分市场。

传播战略在当前多数车企中的定义：

传播战略试图以主动管理和控制的方式向公众和组织内部传播有关品牌、产品或目标（品牌目标、业务目标、平衡目标、销售目标、用户体验目标等）的信息。关键成功因素包含通过正确的渠道和方式传播一组正确且一致的信息，这些信息是根据深思熟虑的组织和传播目标来衡量的。

传播战略同用户体验管理的联系：

在形式和内容方面获得正确的信息是用户的主要触点之一，因此需要符合品牌框架中定义的用户体验原则。

从用户体验出发，传播战略在变革周期可能出现的变化：

既然用户体验是场景化的，未来的传播行为也应该是场景化的：需要让用户站在使用者的视角上，理解每一个卖点的价值。一方面，我们需要将卖点场景化，讲清楚每个卖点究竟在哪些场景中能够给用户创造什么价值，如何创造价值？另一方面，我们需要结合每类 Touch Point 的特点，将这些场景化的利益最高效率地传播出去。

变革周期会有大量用户从未体验过的新功能、新用车场景、新用车方式被创造出来，也只有场景化的传播才能真正让用户理解和认同。

销售战略在当前多数车企中的定义：

销售战略旨在为用户提供产品和服务。将战略目标转换为特定销售目标（如销量、营收、市场份额）是销售战略的起点。同时还规定了达成这些目标的措施。

同用户体验管理的联系：

用户体验原则和目标是定义用户旅程的主要驱动因素，是制定销售措施（例如分销战略、分销组合、销售生态系统）的重要依据。

从用户体验出发，在变革周期可能出现的变化：

首先，随着 OTA 的出现，车企的产品生命周期管理、客户关系以及用户生命周期管理正在合二为一，运营正在成为比销售更为关键，甚至也可能更能带来利润的工作。如何通过 OTA 以及持续运营不断提升用户的深层体验将是核心话题。

其次，汽车的销售模式，车企与客户的接触方式也在发生变化。产品销售行为，或者产品为客户创造价值的活动，也应该是更加场景化和体验化的。

最后，车企的产品组合也将出现巨大改变，每个车型的版本组合以及不同版本在销售战略中的作用同样也会发生根本性变化。用户的个性化需求将会从寻求硬件差异转变到追求软件、体验差异，数据运营是支持新体验的核心。

初始经济性分析在当前多数车企中的定义：

初始经济性分析是一种在项目的早期阶段评估平台项目经济性的多阶段方法。 建立平台成本管理使 OEM 可以设定雄心勃勃的成本目标。此外，OEM 可以提高这种途径从平台开发的早期阶段到 SOP 以及整个平台生命周期内跟踪成本目标的实现情况。 此外，OEM 可以通过应用创造性的方法来定义降本方法，并通过应用透明的工具来实施降本措施以实现持续的平台成本优化。

经济性分析同用户体验管理的联系：

经济性分析计算首先从评估产品功能开始。 为了得出合理的产品配置，OEM 需从用户体验原则出发，将场景、功能和特征转化成产品配置和技术，从而有助于优化经济性。

从用户体验出发，初始经济性分析在变革周期可能出现的变化：

如果车企未来的收入或者利润一部分，甚至大部分来自软件产品销售或者运营收入，现有的成本分析模型就需要作出调整。一方面，车企需要加大对产品硬件架构的投资，确保这些产品可以支持智能化时代的 OTA 要求。另一方面，车企需要把运营部分的成本和收益纳入整个分析模型，思考在确保用户体验目标的前提下，最佳的定价方式是什么。比如针对软件产品，可能是伴随硬件的（例如特斯拉目前的 FSD 功能），也可能是伴随用户 ID 的（例如苹果商店里的 APP），甚至可能是订阅式的（特斯拉即将开启这种模式）。

针对功能 & 性能层，本书实际上绝大部分篇幅都在讨论这一问题，包括第四章介绍的产品定义七步法以及第五章探讨的用户体验设计。同时我们意识到，为了适应未来智能车的开发和运营需求，当前车企的研发组织必须做出更大幅度的调整。在这方面尽管我们看到以特斯拉为代表的很多新造车公司已经做出了很多卓有成效的探索，但这未必就是最终答案，尤其是面向成熟车企的转型问题，这个答案可能还要复杂得多。比如我们看到大众汽车集团为了转型直接成立了一家上万人的软件公司，但他们在软件定义汽车方面仍旧面对大量挑战，以至于 ID 系列的多款车型已经全面延期了。

从大众汽车的这个案例当中，我们一方面看到了成熟车企对转型的急迫性，另一方面也看到了大型团队面临变革的"笨拙性"。在这方面，我们认为成熟车企当下需要关注好三条战线：第一条是充分释放固有基盘的价值，毕竟这部分依然占据市场份额的 90% 以上。第二条是通过构建一个小型化的敏捷组织，在体外迎接变革。也就是他们可以通过这样一个更加独立的敏捷组织（甚至可以是一家独立的，但依托于现有集团的公司）实现面向智能车的跨越。第三条则是从传统车到智能车的过渡问题，如果第二条战线已经取得突破，这个过渡就会顺畅得多，这样也可以免于直接在自己庞大的组织内部进行高风险探索。

就我们目前的观察而言，进入智能车时代，车企的研发组织更有可能像 IT 公司学习，整个架构划分也许只有三个核心职能：

1. 产品 & 功能定义团队：涵盖现有的规划、策划部门，但产品定义的输出物将由功能清单（Function List）承载。

2. 硬件开发团队：现有的底盘、车身、造型设计、总布置、动力总成等内容将进入这个团队，现有视角下的平台概念也将归属硬件开发团队。

3. 软件开发团队：可能涵盖 EE 架构、OS、OTA 管理、自动驾驶等与软件和数据相关的所有内容。

针对后续运营问题，由于产品生命周期管理和用户关系以及用户生命周期管理问题将会合并，因此车企的运营团队也需要与研发组织完美融合，这一部分是更有待思考和解决的问题。

除此之外，由于变革管理是更加具有目标导向的，为了在组织内部真正贯彻这些目标，让整个组织真正理解为什么会有这些目标，以及每个人该如何为这些目标努力，多数车企的管理系统可能需要从 KPI 向 OKR 转化。

为了能让战略层准确掌控用户体验管理的方向，即箭头指向，我们专门设计了一个领航仪表（Pilot Dashboard），通过集中监测和呈现各业务单元、各产品组合在用户体验管理当中的绩效表现，让管理层快速掌握核心信息。由于这一仪表的具体信息需要结合每家车企的现状与关键目标进行梳理，我们这里只展示一个大致布局，如下图所示。

该仪表的左侧是从企业内部视角，尤其是研发视角审视自身的用户体验管理目标设定以及相关资源投入情况，右侧是从市场角度分析用户对体验的期待、现有产品的满意度以及在整个用户体验循环中的综合表现等。

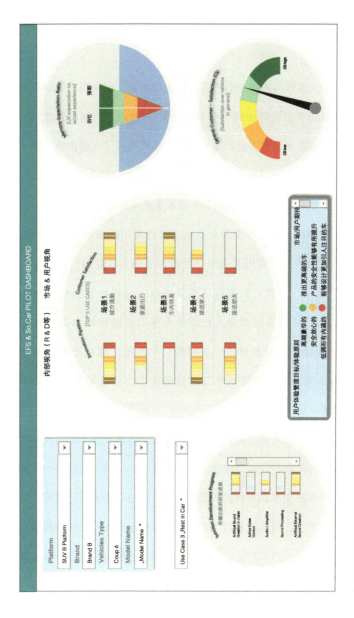

图示：EFS & So.Car Pilot Dashboard（领航仪表）

迭代研发组织结构，消灭"三不管地带"

对于大多数成熟车企的产品诞生流程而言，引入用户体验管理的首要目标是消灭日益增加的"三不管地带"。在产品内涵和外延相对稳定的阶段，成熟车企在多轮产品开发当中早已消灭了大量由分工带来的管理漏洞。但如今产品形态的变化已经大幅超出了原有的价值描述系统，这会导致成熟车企"船大难调头"的现象更加严重。

比如目前大多数车企的产品定义和研发，落到最后都是围绕 BOM 的一张配置表。尽管配置表中已经增加了诸多软件属性的内容，但每个配置对应一个确定的硬件依然是主流。这种认知同样体现在汽车媒体以及用户的认知当中。比如今天我们去国内绝大多数汽车网站上通过参数和配置表对比一下特斯拉和奔驰，你可能看不出有什么显著的不同，但只要你认真开过这两种车，你会感受到真实存在的天壤之别。

也正是由于大家的落脚点过于聚焦在具体的配置上面，大多数配置又对应具体的硬件，每个硬件又可能来自完全不同的供应商……最终这些配置会由研发组织不同的人分工负责，推进采购要求、试装，再整合到同一部车上。可以想象对于复杂的汽车产品，尤其是功能数量正在呈现爆炸式增长的汽车产品而言，配置之间的协同难度会是什么量级，这必然会暴露出大量的"三不管地带"。

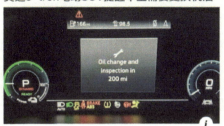

奥迪e-tron电动SUV提醒车主需要更换机油

ELECTREK.CO
Audi e-tron electric SUVs tell owners they need an oil
change - Electrek

| 图示：奥迪 e-tron 仪表界面

　　如果单纯使用上面的文字描述前后两种思路的差异肯定有些乏味和空洞，也许大家看到下面这个案例就会更有感觉一些：

　　如上图所示，这是 www.electrek.co 上暴出的来自奥迪 e-tron 的行车电脑截图，这台电动车在提示用户需要更换机油了。显然，如果延续过往的那种开发组织模式，一旦遭遇行业变革就有可能出现这种问题，毕竟各专业领域在产品诞生过程中均有各自积淀多年的成熟标准。在用户看来是一个整体的汽车产品，在开发过程中是被分割成若干部分平行推进开发进程的。矩阵式管理以及集中评审虽然可以解决大部分系统协同问题，但无法解决问题的全部，更加不能完全站在用户体验的角度让整个体验过程连贯、统一。就像上图这种从燃油车时代延续过来的标准，最终到了电车上还是会有"漏网之鱼"。

类似的例子还有很多，比如今天很多车辆都开始使用双联屏方案，但屏幕左侧的仪表界面来自一家供应商，右侧的车机界面则是来自另一家供应商。这两部分虽然在硬件上拼接在了一起，但界面设计、交互感受却并不统一。再比如我们近期体验过的一款车，它的音响系统和导航系统均可通过语音控制调节音量，但音响音量的最大值是 40，而导航音量的最大值是 10。显然作为用户的你是很难记住这种差异的，于是当你通过 AI 让它把导航音量设置为 10 的时候，喇叭都会炸裂，而用这个数字的音量播放歌曲你还不怎么能听清楚！

图示：导航与媒体音量调节

与那些规模庞大的成熟车企相比，特斯拉为什么可以不断推出更加划时代的产品，不断提出各种传统车企难以想象的目标？这源于特斯拉的起点，它是过去一百多年来几乎唯一一个在"小作坊"阶段沉寂几年的车企，而且特斯拉的几个早期创始人均是非常资深的研发工程师。他们从最开始就以电动车的需求为出发点，相当于重新定义了汽车的基础结构。这在成熟车企是不可想象的，比如 VW 集团这类车企，如果重新开发一个新的架构，不仅投资会是特斯拉早年所有运营费用的几十倍以上，这个架构上面需要同时兼顾的车型往往也会高达几十款之多，还要尽可能考虑系统沿用性等诸多问题。这个架构不可能做到彻底重构。令人遗憾的是，国内过去几年轰轰烈烈的新造车运动中，大部分新造车公司还是选择直接复制成熟车企的组织模式。这也是我们这里尚未出现第二个特斯拉的根本原因所在。

当然，我们也不可能让成熟车企回归小作坊的起点，也没有更多时间重新探索。于是我们就需要在研发领域构建多个跨职能的敏捷组织，他们需要以用户体验目标为纲领，以体验主线作为划分各个组织的标准之一。这样在研发管理过程中，这些敏捷小组可以不断通过对功能组合的定义、原型开发、确认、再定义、迭代、再确认……在多轮循环中不断强化推进体验目标的达成。这样成熟车企既可绕开各种大企业病带来的问题，又可消灭同一条体验主线上的各种"三不管地带"，让整车体验更加一致。

之前我们看到很多说法提到汽车行业将进入"软件定义硬件"的时代，实际上这种说法并不准确，由于汽车产品使用环境的复杂性，车规级别要求的严苛性，硬件的复杂度短期很难大幅下降。而且随着电动化探索的加快，很多燃油车上的硬件结构又必须做出改变。从特斯拉等新造车公司的很多做法看，这种硬件结构的探索过程很有一种汽车行业早期的感觉。想必这种探索还要持续相当一段时间，直至电动化的技术路线成熟稳定为止。但行业变革导致汽车功能增多，功能组合的个性化要求进一步提升却是一定的，也就是说未来描述汽车的语言更应该以功能作为切入点。因此与其说软件定义硬件倒不如说功能定义汽车更准确。

既然是以功能定义汽车，我们对功能本身的描述就会变得更加重要。在这个问题上，我们需要给功能下更加准确的定义，并沿着这些定义梳理和积累 Function List。从概念上，既然每个用户任务都是通过使用一组功能组合完成的，那么反过来，功能的本质就是用户任务的最小单位。或者说，每个功能都可以被定义为"有明确目的的明确操作"。

比如打开车窗这件事可以算是一个功能，但如果在具体 Use Case 当中，打开不同位置的车窗、在不同位置打开同一个车窗、使用不同方式打开同一个车窗都是不同的功能，或者说实现同一个结果的不同操作。之所以车上需要对应同一个结果有多种不同的操作，是因为进行这些操作的目的不同。目的是与具体产生这些目的的使用场景（按照前文所说的概念，这个场景我们把它划分为 Use Case 范畴）密切相关的。比如还是打开车窗，如果你从停车场出来要交停车费，这个时候你的场景就是坐在驾驶座上，需要用触手可及的方式把左前车窗打开。目的是把手伸出去交钱，因此使用左手旁边的按钮是完成这一操作的最佳选择。恐怕你不会为了完成这个操作使用语音控制或者到大屏幕上寻找打开车窗的菜单，更加不会使用遥控钥匙。而如果当时的场景是在车外，比如夏天回到车里之前想给车内降降温，你打开车窗的最佳方式基本就是遥控钥匙了。因此即便对于打开车窗这样一个相同的结果，由于目的不同、操作路径不同，对应的功能也是不同的。

沿着有明确目的的明确操作，一方面，我们可以把每一个用户任务不断向下拆分，直至不可拆分的阶段。另一方面，我们还可以描述影响这个具体 Use Case 的维度有哪些。比如当时的环境、车上的人数、路况、天气等。这样我们不仅可以形成一张庞大，但具体的 Function List 表单，还可以围绕每个 Function 梳理影响这个 Function 的关键因素有哪些，而这些因素本质上也是用来描述场景的。这样场景库的管理工作也等于被向前推进了一大步，而且这样梳理出来的场景库不仅更具可操作性，还会控制冗余数据的规模，效率更高。

在完善了 Function List 之后，既然这一功能列表同时连接体验主线、用户任务、开发目标、性能要求和成本等多个关键维度，它就应该成为用户体验管理在产品层面最终的落脚点，也应该成为用户体验管理的"法典"。

Function List	建立预期	浅层体验	深层体验	产生回忆
Function1	✓	✓		
Function2		✓		
Function3			✓	✓
Function4			✓	
Function5	✓			✓
Function6			✓	
Function7		✓		
Function8			✓	
Function9	✓	✓		

图示：Function List 成为用户体验管理的"法典"

基于这个法典，从产品定义阶段开始，我们就要对每个功能做出尽可能详细的需求描述，包括这些功能的典型使用场景、功能利益、可能衍生出的其他功能、可能的交互或者操作方式等。如果可能，还可以给出这些功能现有的参考案例或者描述这些功能的草图。如下图所示，我们针对六、七座家庭用车的座椅布局给出的功能描述。

更加重要的是，从功能角度定义汽车，也意味着我们有机会反思车辆到底需要多少种硬件，需要什么样的底层架构。这会帮助我们找到重新定义车辆底层结构的重要线索或者约束条件。实际上类似变革在智能手机领域早已发生过了：今天我们的智能手机在硬件结构上非常简单，只有屏幕、主板、WIFI 模块、移动通信模块、GPS、陀螺仪、两个摄像头、

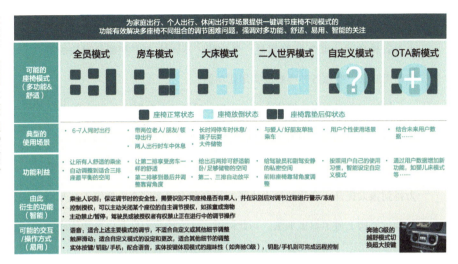

为家庭出行、个人出行、休闲出行等场景提供一键调节座椅不同模式的
功能有效解决多座椅不同组合的调节困难问题，强调对多功能、舒适、易用、智能的关注

可能的座椅模式（多功能&舒适）	全员模式	房车模式	大床模式	二人世界模式	自定义模式	OTA新模式
	■ 座椅正常状态　■ 座椅放倒状态　■ 座椅靠垫后仰状态					
典型的使用场景	· 6-7人同时出行	· 带两位老人/朋友/领导出行 · 两人出行车中休息	· 长时间停车时休息/孩子玩耍 · 大件储物	· 与爱人/好朋友单独乘车	· 用户个性使用场景	· 结合未来用户数据……
功能利益	· 让所有人舒适的乘坐 · 自动调整到适合三排座最平衡的空间	· 让第二排享受房车一样的舒适 · 第二排移到最后调整靠背角度	· 给出后两排可舒适躺卧/足部储物的空间 · 第二、三排自动放平	· 给驾驶员和副驾驶安静的私密空间 · 前排座椅靠背角度调节	· 按照用户自己的使用习惯，智能设定自定义模式	· 通过用户数据增加新功能，如婴儿床模式等……
由此衍生的功能（智能）	· 乘坐人识别：保证调节时的安全性，需要识别不同座椅是否有乘人，并在识别后对调节过程进行警示/冻结 · 控制授权：可以主动关闭某个座位的自主调节授权，如孩童或宠物 · 主动禁止/暂停：驾驶员或被授权者有权禁止正在进行中的调节操作					
可能的交互/操作方式（易用）	· 语音：适合上述主要模式的调节，不适合自定义或其他细节调节 · 触屏滑动：适合自定义模式的设定和更改，适合其他细节的调整 · 实体按键/钥匙/手机：配合语音，实体按键体现模式的趣味性（如奔驰G级），钥匙/手机则可完成远程控制				奔驰G级的越野模式切换超大按键	

▎图示：六、七座家庭用车座椅布局的功能描述1

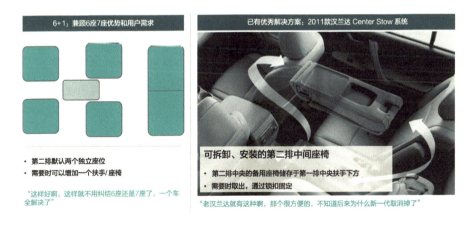

6+1；兼顾6座7座优势和用户需求	已有优秀解决方案：2011款汉兰达 Center Stow 系统
· 第二排默认两个独立座位 · 需要时可以增加一个扶手/座椅	**可拆卸、安装的第二排中间座椅** · 第二排中央的备用座椅储存于第一排中央扶手下方 · 需要时取出，通过锁扣固定
"这样好啊，这样就不用纠结6座还是7座了，一个车全解决了"	"老汉兰达就有这种啊，那个很方便的，不知道后来为什么新一代取消掉了"

▎图示：六、七座家庭用车座椅布局的功能描述2

闪光灯、指纹识别等不超过 10 个模块化组建。但这些智能机却可支持上百万种功能，每个 APP 都是一个功能。不同的 APP 把硬件模块的潜能调用起来，变成各种巧妙的实用化功能。

显然汽车行业也会像这个方向发展，或者已经在朝这个方向发展了。尽管汽车本身的复杂性使得基础硬件模块的数量会远远高于智能手机。如图这个例子，随着无人驾驶功能的增加，车辆对环境、路况的感知能力得到很大提升，芯片的算力也需要比之前有更多冗余。这等于在车辆的基础架构上做了很多加法。与此同时，这也给我们打开更多功能或者使用场景提供了更多可能。比如通过视觉系统，调用存储空间，即可实现行车记录仪的功能。这个组合如果到了野外风景秀美地方还可以成为自动记录路书的功能。当然，如果希望让这个路书更生动，可能还会强化一下对于拍照功能的定义，以及增设一些路书模板。再如利用车辆外部的各个传感器，还可以设置电子围栏。总之，只要车辆的感知、分析和决策能力具备了，调用这些基础能力就可以打开更多功能，与此同时硬件的复杂度并不会出现显著上升，当然成本上升幅度也会比堆积硬件小得多。关键是我们需要准确定义车辆的基础能力。

至此，我们基本介绍完成了在产品战略决策中管理用户体验、设计用户体验过程的逻辑和方法，也包括围绕用户体验过程的产品竞争力评价方法。尽管这里介绍的绝大部分内容都源自实践，但汽车行业本身的发展已经进入史上最为迅速的一个变革周期，本书介绍的很多内容在实

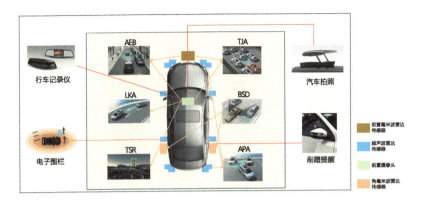

行车记录仪

AEB

TJA

汽车拍照

LKA

BSD

电子围栏

TSR

APA

刹踏提醒

前置毫米波雷达传感器
超声波雷达传感器
前置摄像头
角毫米波雷达传感器

图示：有限的硬件，更多的功能

际使用中依然存在诸多需要完善的问题。我们希望这本书能够给所有汽车行业的从业者带来新的思考和启发，我们更加期待中国汽车工业能够真正由大变强。在这轮行业变革中，能够有更多中国品牌，在充分洞察中国用户生活方式的基础上，定义新的用车方式和用车文化，让中国品牌能够伴随中国国力的进步真正走遍全世界。

自主造车 3.0 时代，定义新价值是"品牌向上"的最大机会

我们可以把过去 20 年中国品牌的发展历程划分为 3 个主要阶段，每个阶段都有非常鲜明的时代特征，也恰恰反映出中国品牌自主造成的成长历史。

自主造车 1.0 时代：相当于中国品牌起步阶段，大致时间跨度是 2000 年至 2012 年前后。目前活跃在市场中的绝大多数中国品牌都诞生于这一阶段，也在这一阶段纷纷推出了各自的产品。整体上我们可以把这一阶段中国品牌的造车模式概括为逆向开发或者借用成熟平台开发两大类。尽管这个起点并不光彩，也涉及很多人诟病的抄袭问题，但这确实是中国车企最为关键的起点。如果没有这一阶段根本谈不上今天中国品牌加在一起可以获得大约 40% 市场份额的巨大突破。

自主造车 2.0 时代：大致时间是 2012 年前后至 2017 年前后，在这一阶段大多数此前诞生的中国品牌都完成了第二轮产品投放过程，领先品牌不仅形成了相对完整的产品组合，也实现了销量规模从二三十万辆到一百万辆的跨越。可以说这个阶段是自主品牌开始形成梯队并拉开差距的过程，主流头部品牌的产品开发模式也由逆向开发切换至正向／半正向或者中外合作开发的模式。因此这一阶段也是头部品牌真正形成造车能力（把车基本造好）的过程。

　　自主造车 3.0 时代：大概从 2017 年前后至今，不仅仅是中国，全球范围内都迎来了一轮试图颠覆传统汽车的行业变革。这轮变革的核心被概括为电动化、智能化、网联化和共享化的"四化"运动。伴随四化的来临，中国市场的响应最为热烈，在这一阶段至少出现了上百家的所谓造车新势力公司。尽管这些公司良莠不齐，甚至大多数都属于滥竽充数的政策套利者，但其确实推动了中国汽车行业的一轮影响非常深远的变革：

　　1. 由于造车新势力公司当中很大一部分来自于互联网和 IT 行业，这促成了中国汽车行业与本土互联网公司、科技公司的深度融合。如果没有这一轮新造车运动，类似于阿里、百度、华为、科大讯飞等这类公司可能很难如此迅速和大规模地与国内车企前述战略合作协议，更无法深度融合到汽车产业链当中。而新势力的出现让这些公司更加迅速地了解了汽车行业的基本玩法，也理解了这个行业的真正痛点。这一变化会促使本土互联网和 IT 巨头与中国车企的战略结盟，让中国品牌真正获得持续创新的动力。

　　2. 造车新势力公司在组建团队过程中带来了一轮规模巨大的人力资源重组，至少十几万人离开传统 OEM，加入新造车公司。这让原本非常稳定的传统车企团队内部掀起了一波巨大的涟漪，同时也促使来自互联网领域、咨询和营销服务领域的诸多专业人才积极加入造车团队。这样的变化自然会带来行业认知、产品理解以及管理思想的剧烈碰撞，而这正是带来本土车企快速进步更为重要的基础。尤其是很多初创车企都是从小团队起步，他们比传统成熟汽车企业更加易于实现扁平化跨职能团队的密切交流、合作。

3. 很多新的产品概念、商业模式可以在过去几年被拿来测试。同样，尽管这些实验大多数是不靠谱的，但可以通过这一轮实现让我们真正看清汽车行业的本质是什么，用户的"嗨点"在哪，以及真正的正向开发应该如何运作。这也是"不按套路出牌"带来的意外收获。

4. 让外部资本看到汽车行业的巨大机会（虽然风险同样巨大），解决真正优质车企的持久融资问题。

5. 推动汽车行业商业模式、服务模式的不断创新。目前我们已经看到商业模式变革在制造端、销售端、金融服务端和使用端全面开花，这种变化也是前 15 年前所未有的。

总之这一轮新造车运动的出现，虽然试错下来的效率并不高，能够最终存活下来的造车新势力公司也会十分有限，但它真正推动了中国品牌由过去逆向或半正向开发向创新驱动的全面正向开发的转变。在这轮探索过程中，传统车企也积极吸收造车新势力的思想和经验，让自己的产品和服务有了非常明显的提升。

应该说进入 3.0 时代，中国车企才真正开始找到感觉，当然这种感觉也仅限于头部品牌，对于大多数二三梯队品牌而言，被淘汰已经无法避免。换言之，今天的洗牌过程正是创建品牌的过程，真正理解了 3.0 时代的行业本质，才能抓住这一千载难逢的机会让自己的品牌成为影响全球的真正伟大的品牌。

我们可以把汽车品牌都抽象为一组功能、性能和体验的组合，每一个品牌都是在这三个维度上构建了一个独特的平衡。那么今天中国汽车市场形成的非常独特的需求环境恰恰是构建一组新的平衡的最佳机会。于是前面我们提到的创建伟大品牌的机会恰恰就蕴藏在充分理解中国市场当中：以中国用户独特的用户需求为出发点，基于中国市场巨大的规模（占据全球大约30%的市场份额），伴随着中国在全球影响力的不断扩大，必然会有一轮中国文化和生活方式向外输出的过程，这也将是中国汽车品牌向外输出的最佳时机。

接下来我们需要梳理清晰的就是中国汽车市场存在哪些独特的用车需求和汽车文化：

1. 市场规模占全球的30%，但超过50%的存量用户目前还只有一次购车经历。他们对产品的需求仍停留在相对表面或浅层体验上。但与此同时中国人的财富积累在过去20年中有了大幅增加，他们对产品的感知品质和仪式感有着远远高于其他市场的需求。而这两点又恰恰属于浅层产品体验的范畴，这会让中国用户把更多注意力放在内饰材质、工艺、仪式感等方面。

2. 中国拥有15亿人口，但只有3.9亿驾照和2.6亿汽车保有量。平均每辆车都需要同时兼顾2~3人，甚至更多人的需求。这会导致中国用户更加偏爱大车和座位数量更多的车，对后排空间的在意程度也远远高于发达市场。

3. 中国人拥有更强的家庭观念，三代同堂或者同城居住的现象依然非常普遍，这会催生更多 6/7 座 B 级 SUV 的需求，而这一产品形态在 10 年前是十分罕见的。

4. 中国用户在产品上要求更大空间、更多座位与冗余功能的同时，其购车预算依然相对有限。这会导致中国用户优先在自己不敏感或者不关注的地方做出妥协。再加上政府对减排的要求，小排量增压汽油发动机在中国市场找到了最多买家。

5. 一大批超大型城市的出现带来更多交通拥堵和排放问题，推动电动化和共享模式的持续试水。

6. 与发达市场另一个差异之处在于，中国车市几乎所有细分市场的用户年龄并没有显著区隔，而且 35 岁以下用户均占很大比例。这将导致用户更愿意追逐大屏幕、更炫酷的科技等属性，也更加愿意追赶潮流。

7. 房车在中国依然不普及，也极少有人拥有驾驶房车的驾照，但自驾游作为一种生活方式已经非常普及了。这会让越来越多的中国人把家用车当房车使用，而电动化变革又给车载电力供应、车载电器多样化和小型化提供了最佳载体。

以上这些线索都是中国品牌打开下一轮品牌定位和产品定义空间非常关键的机会。如果想在接下来 5~10 年内让自己的品牌持续向上，成为真正意义上伟大的品牌，那就认真理解中国市场正在形成的独特文化，并且迎接这种文化，把洞察转化到你的品牌塑造过程当中吧。

延伸阅读2

造车3.0时代，车企如何构建产品组合计划

对比全球那些成熟品牌，中国本土品牌处于一种非常特殊的生长环境之中，因此有很多特别之处。中国市场的特殊性可以简单概括为以下五点：

1. 用极短时间成长为巨量规模：中国私家车市场大致起始于2001年，只用9年时间便成长为全球最大市场，并且此后始终保持这一地位。目前中国车市的整体规模相当于美国的1.7倍，相当于全球市场总量的大约30%。

2. 迅猛的增速和巨大的容量给初创品牌提供最多机会：即便不算造车新势力，2006年至今中国新增品牌也已达到51个，几乎等于全球市场存量品牌的规模。

3. 用户仍未成熟，大多数用户依然只有一次购车经历。而且更加有趣的是，伴随购车经历增加，用户对车辆的要求和评价标准皆在不断跳跃。首次购车用户往往因为不懂得什么是驾驶性、日常适宜性等需要长期体验才能了解的指标而忽略很多关键因素；第二次购车用户则会用力过猛，为大量冗余功能和第一次购车忽略的问题支付更高成本。所以导致今天SUV盛行（因为SUV可以适用于更多场景），而且7座SUV增长更快。与此同时，大天窗、大轮毂、大屏幕这些东西越来越有市场；

待到用户第三次买车会逐步回归理性，他们会去了解品牌的内涵、车辆定义指出的开发理念等这些大多数国内车企忽略的问题。要知道欧美这些成熟市场汽车早在大半个世纪前便已成为家庭必需品了，那里的用户对汽车的理解要比中国用户深刻得多。当然反过来这也会成为外资车企进入中国市场的一种障碍。

4. 受当年"市场换技术"的产业政策影响，中国市场外资品牌超过95%的销量皆通过合资公司实现。而合资公司本身通常是中外双方5：5的股权结构，通常外方负责产品和技术，中方负责市场和销售。这是一种非常独特的结构，在国外市场是绝无仅有的。一方面，合资车企为本土车企输入了大量管理人才、技术以及流程标准等；另一方面，他们的产品也是本土品牌有力的竞争对手。

上面这些特殊性带给本土初创品牌非常大的影响。今天我们重点集中在产品组合计划这个话题上，看看一家初创品牌原本设计产品组合计划该有的逻辑和方法是什么，以及当前大家惯用的思维又是什么。

我们可以把思考归零到汽车刚刚被发明那个年代。那个时候肯定不会有如何构建 Portfolio 这样的想法，更加不会有关于级别（通常是由排量和尺寸决定）、Body Type 这样的常用分类。最早发明汽车的人首先能够想到的是如何把一台内燃机放在四个轮子上，让这部车可以更加安全、舒适和快速地行驶。汽车最早的竞争对手是马车，虽然这个超越历时很短，但早期汽车发明者设想的用户体验更多是定义如何超越马车。

当然，对此亨利·福特有与之不同的想法，他首先想到的是如何用最低的成本让汽车快速普及起来。因此他把更多精力用来设计流水线这件事，而流水线的副产品则是 T 型车。因为要降低成本就需要更高的效率，而在当时那个环境下，要追求更高的效率就不能追求个性，于是 T 型车根本没有提供给消费者任何选择余地，所有车都长成一副模样。当然亨利·福特眼中更加没有 Portfolio 的概念。

其实我们并不需要举太多例子，对于一个非常早期的初创汽车品牌而言，他们根本没有精力和能力一下子推出一个完整的产品组合。他们更多起始于对当时市场环境和人们生活方式的洞察，在洞察中找到一种机会，再把这种机会凝结到一款产品当中去。正如大众对德国人当时所需国民车的洞察最后变成了甲壳虫，后来又推出了高尔夫。如今这些全球巨无霸品牌在初创阶段其实均有非常明显的差异化定位。说到这里又可以回到那个坐奔驰和开宝马的老派言论中来，因为早年奔驰主打的是强调舒适性的大型车（到了 20 世纪 70 年代以后逐渐演化为今天的 S Class），而宝马主打的则是相对紧凑的，强调驾驶性能的产品（类似于今天的 3 系）。

那么上述这些品牌什么时候开始形成完整的产品组合，又在什么时候开始几乎在每个市场都贴身肉搏了呢？

大概是 20 世纪八九十年代以后，一方面，市场营销理论由以生产为中心（典型理论如：4P）转化为以消费者为中心（典型理论如：4C）。

这意味着全球主要发达市场已经解决了"有无问题",开始进入个性化和多样化时代。每个品牌都想通过扩充自己的产品组合为消费者提供更多选择。另一方面,则是出自每家公司对增长的渴望,因为品牌原有核心利益定位那里的机会早已被吃光了,企业要增长就必须把手伸进别人的锅里,于是乎"吃着碗里的,看着锅里的"这种动作就会导致各大车企均快速构建了一条完整的产品链条。因此宝马才有 7 系去抢奔驰 S Class 的地盘,而奔驰也推出 C Class 去找宝马 3 系的麻烦。

自此之后,全球汽车市场开始形成比较公认的市场细分标准,大家通常使用级别和厢体型式两个维度把市场切分成为若干方格,例如下图中大众集团在 2012 年时将整个乘用车市场切分为 63 个方格,大众通过旗下七大乘用车品牌进入了其中 31 个细分。

	两厢车	三厢车	旅行车	MPV	Van	SUV	Coupe	敞篷车	跑车
E									
D									
C									
B									
A									
A0									
A00									

|图示:大众集团品牌覆盖

那么中国汽车市场自何时高速发展呢？前面已经说过，基本上我们市场可以算作是自 2001 年开始启动的。因此我们一上来就处于全球汽车企业形成完整产品组合的时代了。而更加巧合的是，由于我们这个市场在 2001~2008 年之间基本上完全是由合资品牌主导的，他们在引入产品的时候当然是把国外那个方格子里有的产品逐一评估然后拿进来了。于是我们这个市场一上来便有了 A 级车、B 级车的概念。当然这方面不同国别叫法还是有些差别的，比如日本人把级别分类定义为微型车、小型车、紧凑级、中型车等，而美国人的级别是从 A 级开始，最大尺寸可以是 King Size，但德国人是从 A00 开始的。所以福特品牌的 A 级车等于大众品牌的 A00 级车。而我们经常访问的汽车网站，大概是觉得日本人的叫法比较容易被广大消费者理解，所以基本上沿用了微型车、小型车这类的说法。只不过大多数垂直汽车媒体不懂得级别和厢体形式其实是一张二维表的两个不同维度，很多交叉概念在他们的导航栏里消失了。如下图这家全球访问量最高的汽车门户网站，他们把 SUV 单独分出来了，

图示：某汽车门户网站

而没有考虑 SUV 本身也应该有级别之分。也就是说，SUV 和下面那个紧凑型车其实可以是描述同一个车的两个不同定语。

正是因为合资车企奠定了中国车市细分的基础标准，所以此后大家都习惯于先从细分市场找机会。于是从 2001 年至 2010 年这十年左右的时间里，大家更多的努力皆在如何把有机会的市场全都填满这件事上。

当然这里也有过反例，比如日产进入中国的早期阶段，几乎所有的车型都和其他品牌错位半级。比如颐达，比标准 A 级车略小；轩逸（最早是蓝鸟）比标准 B 级车略小（当年还出现过蓝鸟想进入 B 级车因车长不够不得不在保险杠上做文章，把尺寸增加几个厘米的故事）；而天籁一开始是接近 2800 毫米的轴距，2.5L V6 的发动机，想去 C 级车市场和奥迪 A6 PK 的。当然最后的结果是东风日产把所有产品向下错位半级，成为韩系品牌以外最具性价比的合资车企。这也说明，在当年中国那个市场环境下，与众不同的结果往往是可悲的，用户总是习惯于在相对明确的竞品中选择最适合自己的产品，如果你太另类，就意味着没有对手，没有对手也就意味着很少有用户会把你纳入对比考虑范围。当然，今天的竞争规则正在改变。

正是由于中国市场大家习惯于从固有的细分市场入手，寻找和定义增长机会。因此大家一上来便普遍具有一种浓烈的"车型思维"，而非"品牌思维"。因为在每个细分市场内部，大家首先关注的是这个细分市场内部的销量排名，并以此分析进入这个细分的必要条件，或者让自己市场份额靠前所需要的必要条件。但是很少有人跳出上面那个方格看全局，站在全局角度看每个品牌的独特性，以及从品牌角度出发，我该进入哪个细分市场，优先进入哪个细分市场，以及放弃哪个细分市场。

这还是比较初级的思考，更加高级的思考则是：一个汽车品牌究竟需要多少个车型？车型与车型之间的关系是什么？该以什么样的次序和节奏推出这些车型？这也就是本文标题所说的，初创品牌究竟应当如何定义自己的产品组合计划？

在过去 20 年中，我们看到燃油车时代，车企普遍还是需要一个相对完整的产品组合的，至少我们看到产品数量少于 3~5 款的品牌基本上是不会有好下场的。围绕品牌与产品组合的完善过程，我们通过总结 40 余家国内车企的发展案例，找到如下图一条梯队晋级曲线。

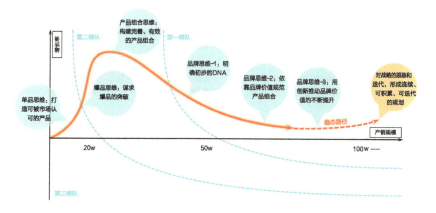

图示：车企梯队晋级曲线

当然上面这张图中，我们又丰富了一些内容。可以看到，一个成功晋级的初创品牌，当自己销量跨过 10 万 ~20 万辆这个坎时，增加车型、分摊风险是必要的。与此同时，车企每年对市场的刺激最为有效的手段就是推出新车型，而一款产品的生命周期通常为 5 年左右，这就意味着每年推出一款新车轮回一圈也需要 5 款左右的产品作为一个组合。再加上从终端角度至少 3~5 款车 4S 店卖起来才会比较舒服，所以这个产品组合数量其实是可以计算出来的。

正是基于这种考虑，我们才有了不同梯队当中，好的品牌与坏的品牌究竟有哪些差别，总结如下图。

	从3梯队进入2梯队（0~20万辆）	从2梯队进入1梯队（20万~50万辆）	在1梯队中继续持续增长（50万辆以上）
跨越的关键挑战	· 找到市场突破口 · 定义真正被市场认同的产品 · 形成品牌定位方向	· 形成有效的产品组合 · 早期的热销车型能够持续 · 品牌定位逐步清晰	· 被市场认同的品牌形象 · 更完整的产品组合 · 协同的体系能力
好品牌的典型特征	· 发现机会，定义爆品的能力 · 把爆品维持2年以上的能力	· 把爆品经验推广至产品组合 · 伴随爆品强化体系能力	· 形成品牌向上的能力 · 进一步挖掘产品组合的能力
坏品牌的典型特征	· 错失爆款 · 随波逐流，过于机会主义 · 简单地复制	· 只能同时卖好一款车 · 产品组合严重失衡（例如没有畅销的轿车）	· 车型与车型缺乏逻辑联系 · 没有明确的品牌价值和理念
跨越常规耗时	· 传祺历时6年 · 荣威历时3.5年（研发RX5）	· 传祺历时4年 · 荣威预计历时3.5年	

图示：历次梯队跨越，好的品牌和坏的品牌关键区别在哪

上面这些都与产品组合的定义有关。但如今 EV 的出现再一次让这个市场有所改变。比如我们看到 Byton、EVE concept、FF91 等车型，它们不再拘泥于此前划定好的格子，而是再进一步跨界，一款车解决了 SUV、MPV 和轿车的几乎所有功能。这是否意味着下一步车企的产品组合可以减少呢？当然如果产品数量减少的话，车企就需要同时增加其他策略，减少由于车型投放刺激不足以及车型组合单薄产生的影响。当然，产品组合减少带来的好处是品牌定位更加明确、产品管理更加简单等。

总结起来，我们不能因为从一开始看到这个市场就是细分明确而忽略了这个细分形成的过程和原因。因为这样的代价是看不清品牌创建的过程以及细分市场选择的依据。比如我们看到奔驰、宝马和奥迪大家都不怎么关心 MPV 市场（仅奔驰 R Class 和 BMW 2 系，V Class 由于隶属奔驰商用，其实是另一回事）。为什么？因为大家不认为到了豪华市场还需要面对 7 个成年人傻乎乎地挤到一台车里这种场景。在这里，品牌才是细分市场选择的前提。

书籍内容参与人员

(按姓名首字母顺序)

Alexander Natlacen

Christian Schaupp

Dominik Hummer

冯甘露

胡嘉禾

焦斐

刘鑫焱

Pedro Dias

Roman Benedetto

Ralph Zlabinger

Stefan Willminger

杨雁涵

卓然

张文杰